品成

阅读经典 品味成长

# 超级演讲就是超级故事

余歌 著

人民邮电出版社

北 京

图书在版编目（CIP）数据

超级演讲就是超级故事 / 余歌著. -- 北京 ：人民
邮电出版社，2024. 7. -- ISBN 978-7-115-64623-1

Ⅰ. H019

中国国家版本馆CIP数据核字第2024JC2884号

◆　　　　著　余　歌
　　责任编辑　马晓娜
　　责任印制　陈　犇

◆人民邮电出版社出版发行　　北京市丰台区成寿寺路11号
　邮编 100164　电子邮件 315@ptpress.com.cn
　网址 https://www.ptpress.com.cn
　文畅阁印刷有限公司印刷

◆开本：880×1230　1/32

　印张：8.75　　　　　　　　　2024 年 7 月第 1 版

　字数：160 千字　　　　　　　2025 年 5 月河北第 7 次印刷

定　价：59.80 元

读者服务热线：（010）81055671　印装质量热线：（010）81055316
反盗版热线：（010）81055315

　　有人曾经问我，如果可以选择，除了演讲，我会做什么呢？我笑着说，有选择我依然还是会选演讲，除非别无选择。

　　演讲帮助我打开了事业的新篇章。我在一个小乡村长大，没有背景，也没有资源，小时候的我个头矮小，家境贫困，极度内向，9 岁的时候还不敢独自上街买酱油，一直以来我都觉得自己的语言表达能力很弱。当我第一次来到阿里巴巴演讲时，拥有这么好的机会，我既兴奋又焦虑，演讲前每天都辗转反侧，不知道该如何准备。最后我决定在演讲中讲一个故事—— 一个沮丧的我如何在哥哥的房间里发现一本售价 2 块 5 毛钱的旧书，从此改变人生的故事。没想到，这个故事获得了一致好评，也开始了我作为演讲教练与阿里巴巴长达 10 年的合作。

　　**演讲成功的秘密很简单，只有两个字：故事。超级演讲就是超级故事**。一场好的演讲，并不一定要求演讲者拥有深厚的理论功底，也并不一定要求演讲者受过系统的表达训练，但是一定要有好故事。好故事连接着这个世界的好演讲。

在企业品牌宣传中，与其摆出冰冷的历史数据、烦琐的往期业绩，不如通过故事激发企业生命力，更有利于将企业品牌常驻人心。在项目招商演讲中，与其使用大量行业专业术语大篇幅解释，不如通过故事更好地与经销商产生联结，打动他们。在公司团队培训中，与其直接把观念、理论等强塞给员工，不如通过故事来诱发其主动思考，进而达到培训的目的。**数据、幻灯片或堆满数据的表格并不能激发人们采取行动，真正打动人心的是情感，要使人们对你设置的议程产生情感联系，最好的方式便是以"我清晰地记得……"为开头。**

每个人来到这个世界，在生命的历程中一定有故事。他人的故事常常在我们茫然无措的时候启迪我们，我们的故事最能呈现我们的人格特质。

我们的人生故事中可能有痛苦、难堪甚至灾难，有的人会将这些定义为不好的记忆，不愿回首。然而这些经历正是我们奋起改变命运的基石。**想要攀越高山，就要踏着这些基石，越过每一个绊脚石，才能到达山顶。**生命中的故事需要用心去感受，它们都具有非凡的力量。只要投入真情，每个人都能拥有讲故事的能力。

我其实没有很高的学历背景，只是一个赤着脚一直走在市场一线，不断探寻意义的人。为了证明和寻找自己，我曾经开过歌厅，卖过保险，做过培训，当过业界最年轻的地区高管。似乎我走过的每一扇门背后都有一个答案，然而，最后我选择用演讲解答自己所有的疑惑。我知道，**让更多人跟我一样，通过演讲找到真正的自己，才是我最想做的事。** 多年以来，在我的内心深处，一直有一个声音在回响：曾经是什么救赎了我，我就用它来拯救世界。

在这本书中，我根据多年的经验整理了在演讲中设计超级故事的六大原则，分享了在任何场合都适用的超级故事，分析如何从害羞恐惧到演讲自如，如何通过故事应对生活中的关键时刻：会议时刻、营销时刻、汇报时刻……以及能够协助故事演讲的非语言方面的准备。**没有人是演讲天才，每一位能够站在台前从容自信的演讲者都是从一次又一次的失败和练习中发现了演讲的规律，发现了语言的密码，发现了自己的特质。** 每个人都可以成为舞台上闪耀的星星，每个人都可以站在舞台中央，去与这个世界对话和连接。

请永远相信，这个世界上那些受欢迎的人、工作有成就的人、与众不同的人，都不是只靠学历、背景、长相，他们通常都善于发自内心地去诉说生命的故事。我们正是在听故事的过程中，被演讲者身上的能量所吸引，发现他的才华、经历、人格特质和愿景，这些因素吸引我们靠近，甚至想要成为他。

所以，所有翻看到这本书的朋友，你有想要讲述的故事吗？你想尽情地表达自己吗？**只要你好好地爱自己，去观察生命，都可以成为超级演讲家，请记住，你的故事就是你最好的**

**演讲内容。**讲故事并非与生俱来的天赋，你可以通过学习逐步改善关于讲故事的思维模式，了解讲故事的关键和诀窍所在。只要掌握了故事演讲力，你便可以迅速掌控全局，成为你所在领域的行家。请以这本书为媒介，允许我陪你走出困境，帮你找到最出色的自己。追逐梦想的路上，让我们一起高歌，让世界听见你的声音。

# 目录

## 第三章

### 6 大设计原则，打造超级故事

## 第四章

### 5 大超级故事模型，让你在任何场合都无往不胜

## 第五章

### 5 大身心准备，练就超级故事表达力

## 第六章

### 临场讲出好故事，决胜人生关键时刻

## 第七章

### 7 个非言语练习，让你成为有感染力的故事大师

第一章

超级演讲就是超级故事

演讲和故事之间的关系是灵与肉的关系，没有故事的演讲是没有灵魂的。

# 一个好故事，顶上一万句大道理

## 仅靠故事，企业估值从 0 到 40 亿美元

无论是在演讲、销售还是沟通时，你都一定要了解故事的巨大威力。

美国有一家酒店企业叫作"永利度假集团"，酒店遍布世界各地。有一次，老板和太太到拉斯维加斯去旅游，发现那里值得开发，于是便在拉斯维加斯开了一家酒店。酒店开业后一直生意惨淡，最后却逐渐做大，最终达到了估值 40 亿美元。当被问到这家酒店是怎么做得这么成功时，老板说："这家酒店从无到有，从不盈利到现在的估值 40 亿美元，其实是靠讲故事。"

起初，这家酒店开早会和夕会的流程都是下级对上级汇报，比如酒店服务员向部门经理汇报，助理厨师向厨师长汇报，汇报内容无非一些工作的交接和安排，氛围很严肃，大家的汇报内容也比较刻板。后来，一个企业咨询师建议老板

调整开会模式。

具体怎么做呢？就是在会议上只做一件事——让工作人员每天分享自己过去或当日从客户那里获得绝佳体验的故事。老板觉得这也太简单了吧，效果能好吗？尽管如此，他还是半信半疑地按照企业咨询师的建议做了改变。第一天，酒店经理开会时让每个服务员分享自己遇到的事，有一个行李服务生举起手，讲述了一个自己接待宾客的故事。

我今天接待了一对夫妇，他们在吧台办理入住手续以后，我出于礼貌提醒他们带全自己的行李。

突然那位女主人大声叫起来：完蛋了，我把包落在家的走廊里了。

于是我就问她：这个包对您很重要吗？

女主人说：很重要，我先生每天早晨7点要打胰岛素，包里有我先生的药。而且我自己有些咳嗽，开的中药也在包里。

我问她：那您家里有人吗？

她说：下午时管家会去我家。

看着她着急的样子，我询问得知她家在洛杉矶的宝马山，于是我告诉她：刚好我哥哥也住在那边。现在您只需要做一件事，回房间收拾一下，去吃我们酒店的美味佳肴，好好休息。

接下来，我便给住在宝马山的哥哥打电话，去客户家取药，我则向经理请假，赶紧开车前往宝马山找哥哥会合。直到凌晨 4 点，我终于取到药并赶回了酒店。

第二天早晨 7 点，等这对夫妇醒来时，药已经放在桌子上了。

你觉得这对夫妇以后讲起自己入住这家酒店的体验时，会说酒店的大理石很漂亮吗？会夸赞玛瑙吊灯很美吗？会逢人就说酒店那手工编织的地毯很酷吗？不会，他们一定会说这家酒店的服务太完美了。这种对服务体验的口碑相传，就是对酒店最好的宣传。

那天的会议之后，酒店的新媒体部把这位行李服务生的服务故事作为宣传素材，剪辑、发布到各大网络平台。这种营销使得酒店的生意络绎不绝，而与此同时，其他酒店服务生看到自己的同事获得如此特殊的荣誉，非常羡慕，也纷纷将其视为榜样，提高自己的服务质量，分享自己的服务故事。比如打牌室的服务生不再在没有客人时无所事事地打发时间，而是会在客人就餐起身去厕所时，帮助引路，并在客人出来后送回到餐位上；酒店送货司机在接送客人时了解到对方很爱惜的相框有裂痕，于是花两天时间帮助客人把相框还原……

**从生意惨淡到市值 40 亿美元，永利酒店就靠着故事把品牌营销到极致，绝处逢生，走上巅峰。**

2007 年，永利度假集团打造了**"永利故事"**平台，鼓励每一位公司成员分享发生在自己、宾客与同事之间的真实故事。"永利故事"也已经成为永利度假集团的活字招牌，大大提升了品牌知名度和美誉度。

**一个企业，如果能讲好故事，可以让企业起死回生，蒸蒸日上；一个团队，如果能讲好故事，可以激励成员敢为人先、全情投入；一个人，如果能讲好故事，可以征服他人，赢下未来。**

**演讲和故事之间的关系就像灵与肉的关系，在信息传达上，演讲重视思想和观念，而故事强调情感和体验。**如果一场演讲只传达观点，而缺少对听众情感体验的调动，那这样的演讲不会成功，就像一具肉体失去了灵魂。而如果演讲中能够恰到好处地嵌入具有说服力和感染力的故事，就会让听众情感先行，被代入演讲者的知识逻辑，从而生动形象地记忆信息。

所以可以说，**演讲力就是故事力。超级演讲，就是超级故事。**

## 会用故事，演讲力才算得上高超

1999 年的时候，我刚融了 200 万元，特别急于出名，急于兜售我的产品和公司，因为出了名才能进一步吸引融资。当时瑞士达沃斯在中国搞了一个论坛活动，邀请了中国青年精英25 人。我肯定不在这受邀的 25 人之列，于是我到处打听怎么赞助这个论坛，如何有机会在会上发言。终于，有一个朋友说如果我愿意用 10 万元赞助当天的晚宴，那么我可以在晚宴上发言半小时。我很兴奋，虽然会用掉我融资金额的 5%，但是机会难得。

然而，我不知道的是，我其实被骗了，因为按照规定，晚宴的赞助商只有一句话的发言时间：大家好，我是某某公司的某某某，这顿晚宴是我赞助的，祝大家好胃口，然后就要下台去了。

在晚宴现场，不仅有 25 位青年精英，还有很多业内大咖和媒体人，宾客几乎坐满了 20 桌。当大家推杯换盏，交谈吃饭的时候，我站在台上，举起话筒，并拿出了能够洋洋洒洒说上半小时的演讲稿。刚念了没几句，主持人施瓦布博士就说："It's all"，并来夺我的话筒，我当然不会同意，拉扯中情急之下，我对着话筒大喊："这是我赞助的！"引得全场哄堂大笑。我当时大脑里一片空白，什么都想不起来了，只剩下一个坚定的信念：不能放手！于是，我和年迈的施瓦布博士在舞台上从拉扯变成了追逐，绕着舞台跑圈的间隙，我飞快地接着念我的稿子。就这样磕磕巴巴地花了大概十几到二十分钟把稿子念完了。可是，我如此不顾脸面，不顾一切，台下的人只是像看戏一样大笑，完全没有人记住我讲了什么。

这是 360 集团创始人周鸿祎在 2024 年 1 月 12 日的演讲直播《你也可以好口才——如何演讲》中分享的自己一次

"飞机失事现场"般的演讲故事。

直播里的周鸿祎风趣幽默，侃侃而谈，即便出现了被打断的突发情况，依旧从容应对，掌控全场，且表现力十足。很难想象，有如此高超演讲力的人也曾在演讲上吃过不少亏。也正是这样鲜明的对比，更加契合他的演讲主题，令他的分享更加有说服力。他说，原以为演讲是天赋，但是后来"久病成医"，发现**演讲是一种可以训练的技术，而这个技术的核心就是故事**。就像周鸿祎在这次演讲中分享的要点：**一个观点配一个故事**。

人们虽然可以记住观点，但是对大段论证缺乏兴趣。**如果把论证换成故事，人们则很容易被吸引，也很容易将观点留在记忆里**。3 个多小时的时间里，周鸿祎时刻都在实践这个要点，这不仅是一场"免费的演讲课"，也是他的"故事大会"。那些看似随意的故事，给他的演讲注入了灵魂，让他所讲的观点自然而然地留在了听众的心里。

## 超级演讲就是超级故事

超级演讲就是超级故事，很多世界级的卓越商业领袖，在公开演讲时，并不会讲大道理和高深晦涩的理论。他们用生命中的真实故事尽可能地表现出自己的真诚，用故事与听众建立联结。

那些广为流传的伟大作品很多都不是平铺直叙的说理，而是叙事详尽的故事书。例如司马光主编的《资治通鉴》，通过记载前后共 16 朝 1362 年的历史，"鉴于往事，有资于治道"。书中描绘了各种关于政治、军事、经济、成败、安危的历史故事，有关于才能与德行关系的论述，有明辨是非的策略，每个读过的人都会领悟其中的哲理和蕴含的精神，而影响了西方的宗教、文化和伦理观的《荷马史诗》描述了希腊联军围攻特洛伊的故事。故事中有妒忌、有诱惑、有争夺、有狂妄，有战争的残酷与和平的可贵，有胜利的喜悦与失败的痛苦。所以，不必在书中罗列关于战胜与冒险的道理，精彩的故事已经表达了宏大的哲理命题。

人与人之间相处时总会相互影响。相互影响的媒介大多是语言，演讲就是很有效的一种方式。现代社会信息高速发展，每个人都可以通过演讲进行自我表达，我们可以在各种社交媒体平台注册账号，发布观点。每个人自我表达的速度、广度及其所产生的力量都不可限量。

当人们愿意听你的表达和演讲时，你的思想、产品、创意才会被大众接收。华为的执行董事余承东通过不断地演讲，向公众传递华为的企业理念，每当华为的新产品和新设计出现时，很快就能够获得客户群体的认可。这也体现了演讲和企业发展的相互成就。很多成功的企业和企业家都有一个有一定受众的新媒体账号，他们通过新媒体平台不断表达自己，促进了公众对企业更深入的认知和了解。所以，企业要获得成功，就离不开演讲，而成功的演讲离不开故事。

## 你的故事力反映你的沟通力

如果去听那些触动人心的演讲，我们会发现，这些演讲者可能普通话一般，可能肢体有明显的紧张，可能声音并不洪亮，但是这些演讲之所以能够打动人，都是因为抓住了演讲的核心——故事。

我在年少的时候做过一份销售保险的工作。有一次，我签下一个订单，佣金有 800 块钱，我的主管告诉我应该服务客户。我打听到客户很懂得养生，喜欢吃红心地瓜。于是我就和农村的姑姑拿了一麻袋地瓜，自己扛上六楼，送到客户的家里。客户是一个很漂亮的姐姐，看到我这么辛苦送来那么多地瓜，于是打开冰箱给了我一罐可口可乐。

可口可乐对于那时候在农村长大的我来说，还是很奢侈的饮料，直到今天我还记得可乐罐的外壁上面挂着的水珠，以及打开时候的声音。接着她又送给我一个硕大的红富士苹果，红红的，就像一个笑脸。

我当时特别开心，不停地道谢。那个客户姐姐说："是你太客气了，我需要向你道谢的，你看你送给我这么多地瓜。"我至今也不知道自己是怎样想的，脱口而出："地瓜是我从姑姑家拿的，你不用客气，姑姑家有很多地瓜，她说吃不完也是拿去喂猪。"

结果客户听完脸色立即就变了，跟我说："你先回去吧，保险我暂时不想买了。"

　　我很沮丧地离开了，扶着墙壁慢慢走到楼下，天空下起了小雨，树叶被风吹到了我的头上，就像在嘲笑我一样。我觉得自己真是太笨了。我也不知道怎么回到了家，怎样来到了二哥的房间，无意中打开抽屉，在里面发现了一本书，书已经很破旧了，封面都不在了，还落满了灰尘。我翻开书，在第 7 页的倒数第 4 行，看到一句话，深深触动了我，让我从一个自卑的少年成为今天的演讲教练，同时让我的人生发生了巨大的改变。这段话是这样写的："一个人的成功，15% 取决于他的专业技术，85% 取决于他与人沟通和相处的能力。"

　　在接下来这二十年的演讲教练生涯中，我对上面这句话深有感悟，而且随着我自己的演讲经历越来越丰富，以及辅导的学员越来越多，我发现：一个人的成功 85% 取决于他与人沟通的能力，而一个人的沟通力在很大程度上依赖于他的故事力。

　　罗振宇说："不管是日常社交还是在职场上，做营销还是做管理，只要你想影响其他人，讲故事的能力就是你不能缺的核心能力，而很多人偏偏缺的就是这个。"

　　不会讲故事，再大的诚意都无法抵达对方心里；不会讲故事，再正确的道理也难以占据对方心智。

　　演讲与故事是灵与肉的关系，演讲是"灵"，玄妙、笼统、缥缈于九霄之外，难以让人掌控和理解；故事是"肉"，生动鲜活，直观可触碰，让演讲接地气，有承载，触人心。

　　一个会讲故事的人，只需要增加对演讲技巧的刻意练习，早晚会成为一个好的演讲者。而一个人如果不会讲故事，满腹经纶也无用武之地。

不会讲故事，

再大的诚意都无法抵达对

方心里；

不会讲故事，

再正确的道理也难以占据

对方心智。

# 掌握故事力七大原则，
# 让听众对听故事欲罢不能

### 故事为什么有魔力？人性告诉你答案

听故事是人的天性，人类学和心理学的研究发现，人类的心智发展与故事的起源和发展史是同步的。

**听故事满足了人的好奇心和期待**。心理学的研究证明，人维持注意力的时间是有限的。小孩子的注意力最容易分散，很难专注于一件事超过 15 分钟，可是如果给小孩子讲故事或观看动画片，再好的美食和玩具都无法吸引他们。成年人保持注意力的时间虽然有延长，但是也很难将注意力维持在 45 分钟以上。但是，每个人都可以目不转睛地在电影院待上 3 小时观看精彩电影，因为故事在不断吸引着我们的注意力。

回顾学生时代，受欢迎的老师往往都是善于讲故事的，我们最喜欢历史课和语文课，因为充满有趣的故事，即便是数学、物理、化学这些课程，老师也总是将各种定理穿插在故事之中。**毕竟专心致志地听枯燥无味的知识点本身就是对人类天性的极大挑战。**

　　**听故事符合人类思维能力发展的规律。**心理学的研究总结了人的思维能力是从形象思维发展到抽象概括思维，再到辩证逻辑思维这样一个过程。在我们还是小孩子的时候，就需要借助具体的形象才能理解事物的本质，比如我们学习1+1=2，得从 1 个苹果加上 1 个苹果等于两个苹果开始。到了青春期，我们逐渐能够进行判断、推理，并最终从多个角度理解事物和世界。我们听到的故事也从各种拟人的故事发展到勇士与恶龙这种好与坏分明的故事，最后我们听到勇士也会有怯懦、恶龙也有苦衷的故事。

　　**顺应人的天性，洞察人性背后的逻辑，就是走向成功的秘诀。**腾讯公司高级副总裁，被称为"微信之父"的张晓龙，他在开发微信的过程中一直坚持的原则就是洞察人性。微信不设登录界面的广告，因为张晓龙认为流量变现是好产品带来的自然结果，微信只有真的成为用户的"老朋友"，才能实现微信的初衷。在张晓龙看来，如果微信是一个人，那他一定是你最好的朋友。如果微信设置登录界面广告，就像朋友每次和你见面的时候，脸上都贴着一个广告，你要先撕下来才能跟他说话，这一定会破坏朋友间的关系。

　　**约翰·斯坦贝克说，人是孤独的动物，我们穷尽一生都在试图摆脱孤独。讲故事就是最古老的对抗孤独的方式之一，我**

们竭尽全力让听故事的人说出"没错，就是这种感觉，我也是这样理解的，不是只有你一个人这么想"。

演讲是沟通的一种方式，目的都是打动人。把握了人喜欢听故事的天性，就能够发挥出演讲最大的效用。

### 掌握人性思维习惯和偏好，你的演讲就能成功一半

丹尼尔·卡内曼是第一位获得诺贝尔奖的心理学家，他在《思考，快与慢》中总结了人在思维中的习惯和偏好，而故事能够奇妙地与之契合：

这些习惯和偏好包括：典型性偏好、可得性偏好、因果性偏好、光环效应、锚定效应、框架效应、禀赋效应，如图 1-1 和表 1-1 所示。

图 1-1　人性思维习惯和偏好

表 1-1　人性思维习惯和偏好

| 典型性偏好 | 人们更容易接受符合既有印象的事物，而排斥不符合既有印象的事物。讲故事时，要充分考虑听众的文化背景、社会地位、年龄等因素，创造性地运用可以引起听众共鸣的元素，让听众更容易接受并产生共情 |
| --- | --- |
| 可得性偏好 | 人们更容易记住那些经历过或听说过的事情，而忽略那些较为陌生的事情。讲故事时，可以适当地加入各种情境描写、生动细节、感官刺激等元素，让听众能够感受到真实的场景和人物，从而更容易记住故事的内容 |
| 因果性偏好 | 人们倾向于将事件发生的原因归结为某种因果关系，在不确定的情况下进行自我解释。讲故事时，要注重展示事件的发展历程和结果，让听众能够理解各种因果关系，从而产生更深层的思考与启示 |
| 光环效应 | 人们在评价某个人或事物时，往往把某个显著、积极的特点扩大到整个人或事物，并产生一定的偏见。讲故事时，要避免过分渲染某个人或事物的某个特点，而是要展现其各个方面，让听众能够更全面地了解故事的内涵 |
| 锚定效应 | 人们在做判断时，往往会受到已有信息的影响，可能产生一定的偏见。讲故事时，可以借鉴已有的刻板印象和文化符号，适当塑造人物形象和设定情节，让听众能够轻易地建立起对故事的认知和感受，从而更好地理解故事的内涵 |
| 框架效应 | 人们常常对已有的知识和经验进行刻板化的分类和归纳，从而产生对某些事物的形象和特征的偏见。讲故事时，可以通过合理的故事框架和设定，强化故事表达的主题和内涵，从而更好地引导听众思考和感受 |

（续表）

| | |
|---|---|
| 禀赋效应 | 人们往往会高估自己所拥有的东西的价值，而低估自己没有的东西的价值。讲故事时，要给听众创造童话般的氛围，让听众能够陶醉于故事的世界中，忘记自己现有的一切，发挥自己的想象力和探究欲，从而深入理解故事内核 |

**典型性偏好**——人们会过度关注典型事件，而忽视了典型背后的概率。故事就是我们选中的典型事件，通过演讲者的讲述，听众的注意力集中在故事本身，自然而然地认同演讲者的观点。

**可得性偏好**—— 一件事更容易出现在大脑里，人们就认为这事情更容易发生。比如在旅行前看到火车或者飞机失事的新闻，就会担心自己的出行出现问题。当我们讲述某个故事的时候，如果故事给听众留下了印象，那么听众会将这个故事与自己产生关联，进而影响接下来的行动。

**因果性偏好**——人们喜欢对事物进行因果关系解释。人们习惯性地将遇到的事件进行合理化解释，比如运动员在做了一个完美的动作之后，那么接下来无论他出现失误还是表现得更好，人们会认为这与运动员的紧张程度有关。故事中出现的转折和意外情节往往会引起这种因果偏好，进而支持演讲者的某个结论。

**光环效应**——先接受了事物的一些信息后，这些信息会影响你对事物的整体判断。同一个人，如果先描述这个人的优点，再列举缺点，那么人们会更愿意认为这是一个好人，如果先描述缺点，再列举优点，人们会更倾向于评判其为不可信任的人。随着故事情节的特定安排，听众的判断和决策也会随之产生变化。

**锚定效应**——在面对决策的时候，最初接触到的信息被称为"参考值"或"锚定值"，它会影响人后续的决策。故事内容就是演讲者给出的参考信息，其中的信息获得听众的信任越多，接下来对听众决策的影响就越多。

**框架效应**——对同一个问题进行不同的描述，会导致人们做出完全不同的判断。例如，一件事如果表述为成功率是90%或失败风险是10%，虽然其含义相同，但是人们往往会因为第一种表述而做出接受的决定。这就需要我们在构思故事的时候，谨记如何将故事与观点联系得更加紧密。

**禀赋效应**——人们会夸大已拥有的物品的价值。因此，当所有物被损坏的时候，我们会感到更加难以接受。这就是为什么人们对于分手、离别尤其记忆犹新，而这种失去的不甘心和痛苦，通过故事情境的代入更容易被激发。

卡耐基在《语言的突破》中写道："你永远要记住，你不是在对一个讲逻辑的生物说话，你是在对一个有血有肉的生物说话，你要打动人心，你必须会讲故事。听故事是人的天性，被故事左右也是人的天性。"

## 故事好是演讲的秘密武器

故事能够直抵人心。如果有一种表达可以让人在时空中回忆历史，感悟当下，眺望未来，那它一定是故事。故事里蕴含的信念、理想、价值……要比刻板的道理更能触碰人心，故事永远有着娓娓道来的柔性力量，所以演讲者应将生硬、严肃、繁杂的道理变成柔和、简单、人们容易接受的故事。

**第一，故事将生硬的道理娓娓道来。**

道理就像是迎面而来的拳头，直接且生硬，落在心里时会震撼，但是人们总是本能地想躲开。如果将道理进行拆解，转换成一个场景、一段对话、一个故事，那么这个迎面而来的拳头就变成了温柔的抚摸。这时，道理的力量并没有被消解，反而会更长久地停留在人们心里。故事可以是发生过的事实，也可以是还未发生的希望达成的愿望，同时还可以是道德伦理和价值思想的凝结。

### 第二，故事将严肃的话题化为绕指柔。

生活中很多主题本身并不那么温柔，是严肃的，让人不愿意面对，比如失去与死亡。

死亡是恐怖的，每个人都希望生命能够延续下去。随着医学的发展，器官捐献成了一种连接生与死的方式。也许我们的生命会结束，但是我们的器官能够拯救另一个生命。然而，各个国家都面临缺少捐献器官的问题，等待器官捐献的名单那么长，又让人感到那么绝望。如何动员器官捐献呢？接受生命结束本身就是一个难以承受的话题，在这个时候引导他们奉献出自己的器官，于情于理都让人难以启齿。况且人们也会担心，如果自己签署了器官捐献的同意书，是否会导致医生在救治自己时不尽全力？

2013 年，巴西政府也曾经摆出了很多数据和事实，用以号召国民履行公民义务，但是收效甚微。后来他们想到了一个办法，就是讲故事。巴西人最热衷的莫过于足球，几乎每个巴西人都是累西腓足球俱乐部的球迷，这种狂热在一代又一代人中传承着。于是，政府重新制作了一个宣传故事：热情洋溢的年轻球迷在欢呼呐喊，这样的热情谁会愿意终止呢，如何能够永远追随累西腓足球俱乐部呢？接收了你器官移植的病人能够做到。一位盲人在宣传视频中说道："我向你保证，你的眼睛会永远注视着累西腓！"如此，宣传结果果然令政府惊喜，器官捐献者的数量多了起来。

**即便是严肃的，涉及道德、伦理、人性本能的议题，也能够在故事的协助下化为绕指柔。**故事就是一个个生活片段，既是行为的呈现，也是价值观的缩影，更是表现方式的集大成者。

### 第三，故事让世界变得简单。

正所谓："大音希声，大象无形。"老子认为，艺术作品真正的价值不在于使用了怎样高明的语言，也不在于运用了怎样绝妙的形象，而在于是否是超脱于语言和形象之外的意蕴，它虽然真实存在却无法用某种形式表达。而这也正是故事的妙处，言有尽而意无穷，化繁为简。

中央电视台曾经有一档火爆的节目叫作《百家讲坛》，节目邀请了很多学者讲述历史和文学。其中有一位叫易中天的老师，他通过白话讲故事的方式，用家常的口吻还原真实曹操，替周瑜辩诬，正说诸葛亮，重评司马懿，以故事说人物，以人物说历史，以历史说文化，以文化说人性，因而备受欢迎。我们常说以史为鉴，而历史带给我们的领悟和启迪，都是通过一个又一个故事流传下来的。随着时代的变迁，不同的故事还会延伸出新的感悟。关于这个世界的道理是如此繁杂，而故事能够将之转变为最简单的传承，润物细无声。

　　故事有着柔软的形式，同时也有着强大的力量。故事是演讲中的柔顺剂，也是演讲中的温柔一刀，不仅能够戳中听众最柔软的内心，也能够激起内心最久远的涟漪。

故事是演讲中的柔顺剂，

也是演讲中的温柔一刀，

不仅能够戳中听众最柔软

的内心，

也能激起内心最久远的

涟漪。

# 故事更能连接人心

故事能够让听者放松。让一个活泼闹腾的小孩子安静下来的方法就是一本故事书；帮助一个饱受折磨的失眠者平静入睡的方法也是一个温馨的故事；在一个略显尴尬的社交情境下，快速让大家融入进来的途径就是一段八卦故事；疲惫了一天，快速消解疲劳的方式就是看一看微博热搜上的新鲜事。心理学研究表明，故事带着某种神奇的治愈魔力，能够消除紧张，平复情绪。

## 人们越焦躁，故事越刚需

### 首先，"慢生活"是面对世界的良方。

在这个快节奏的时代，现代人日复一日地奔波于工作与生活之间，饱受各种压力的侵袭。然而世界永远是辩证的，当一切都很快的时候，与之抗衡的方式就是慢下来，让自己的心和生活节奏慢下来。当我们开始拥抱"慢生活"时，很多美好的事情都会悄悄地发生。

"慢生活"指的是不浮躁、不那么匆忙的生活方式，人们更多地把时间和精力投入生活细节之中，慢慢地享受生活的美好。它不强调快速获得的成就，更多关注平衡、自然和心灵的宁静。于是，文化领域返璞归真的现象出现了，评书、相声和舶来的脱口秀成了人们热爱的娱乐方式。而讲大道理的鸡汤类演讲和成功学书籍都被束之高阁，当人们在紧张的世界受够了说教，便又重新爱上了故事。**故事的第一特质就是"慢"，有头有尾有细节，循序渐进，安抚着人们焦虑的心。**

填鸭式的演讲，虽然高效传递了想表达的信息，却会让人们的大脑信息超载、消化不良。

## 故事是人类情绪的调节器

**其次，故事能够激活大脑皮层中处理情绪的区域，听的故事越多，越有助于调节情绪。**

听故事能够消除人们的紧张与戒备，达到放松的效果。小时候，我们最喜欢的就是睡前故事，那些有趣、美好的故事常常伴随我们进入梦乡。长大后，我们喜欢阅读故事，那些悲伤、愉悦、神秘的故事能够让我们沉浸其中。当我们感到紧张或焦虑时，听一段故事或阅读一个故事，是快速恢复平静的方式。

当传递某个观点给对方的时候，对方往往是心存戒备的。因为一旦被游说，就说明自己的某个想法可能存在偏差，这时候听者会自动将自己和对方放在对立的立场——对错、好坏。人的本能是不愿意接受自己的错误的，因此，就会产生排斥，感到紧张。这时候，平铺直叙的道理往往不会产生效果，而故事往往能消除戒备心。一方面故事能够与大脑皮层中的情绪区域相连接，起到安抚作用；另一方面故事能够作为缓冲，自然而然地引导听者进行概括总结。

## 故事最能放松人心

**最后，从心理学的角度看，故事能够激发听者的想象力，令其得到放松。**

心理学研究发现，只有人类具有想象力，也只有人类的语言能够激发想象力，比如这样的故事开头："在很久很久以前，在一个开满鲜花的小路上，温暖的风迎面吹来……"只是简单的几句话，我们的脑海中已经出现了相应的画面，仿佛我们已经闻到了花香，感受到了吹拂到脸颊上的风。

故事中描绘的场景、人物、事件发展和结局都在满足我们的某种心理需要。那些现实中我们不能做到的事情，借由故事，让我们在想象中得以实现。卖火柴的小女孩在想象的幸福中忘记了现实的寒冷，也忘记了死亡。超级英雄的故事弥补了我们在现实中无能为力的窘境。每一个故事其实都是与我们有关的故事，故事中的每一句话和每一种故事走向，都能够在某个时刻与我们产生共鸣。

故事中的情感和寓意会让我们对这个世界的认知更宽广，内心更加包容。其实，我们会为每一个与我们有关的故事赋予意义，如果能够得到专业人士的指导，重新编写我们自己的人生故事，那么不仅能改变这些意义，还能进一步调整我们的认知和行为，这也是一种整合自我，重新获得生命能量的心理疗法。

# 故事让你瞬间俘获用户的心

人的思想是由意识和潜意识两部分组成的。尽管潜意识的部分未曾被察觉，但是潜意识对人的行为具有很大的影响。在演讲中，演讲者学会调动听者的潜意识非常重要，可以借助提醒和暗示，不断挖掘听者的痛点和潜意识需求，这样演讲就会取得成功。而故事，能够让演讲者与听者的潜意识进行对话。

故事能够触动我们的潜意识，或许与我们的成长经历有关。可以说，故事贯穿我们成长的全过程，从第一次认识世界的童话故事，到天马行空的武侠故事，到爱情启蒙的偶像剧故事，再到茶余饭后的邻里故事等，故事出现在每个成长的关键期，也就理所当然地成为触动我们潜意识的开关。

2010 年，益达拍摄了一段连续 4 集的广告，与其说是广告，不如说是一个以益达口香糖作为道具和线索的爱情微电影。男生是一个骑着摩托的年轻旅人，与女生在沙漠中的加油站相遇，并开启了酸甜苦辣的爱情之旅。虽然本质是广告，但观众看到的是一段动人的故事，这样的设计缓和了观众意识层面对广告植入的反感，连接了观众的潜意识层面，进行了潜移默化的渗透。这段广告不仅抓住了观众的眼球，也开启了全新的营销时代。

故事常通过两种方式与听众的潜意识建立起连接，即隐喻和共情，如图 1-2 所示。

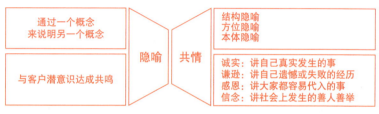

图 1-2　隐喻和共情

## 隐喻故事，润物细无声

在人的潜意识里，当两个不同的事物具有相似或相同的特点时，其中一个事物就可以在某些时候代替另一个事物，这也就是我们常常在修辞中使用的隐喻，它能借助我们的思维能力把一个概念对应到另一个概念。可以说，故事中充满了隐喻，我们的潜意识会自动将这些隐喻的意向进行延伸。

例如，我们常常在故事中把父母比喻成高山与海洋，用高山的巍峨和海洋的广袤来比作父母深沉的爱，那是一种在内心深处的认同，这也就是故事与潜意识的连接。

曾经有一个个性温和的人找到我，他说他很不喜欢自己的个性，认为自己是懦弱的，因此很苦恼。我并没有用各种相信自己、不要低估自己等说辞来说服他，而是告诉他，在和他的相处中，我觉得他的个性像一条小溪，小溪在流淌的过程中，不疾不徐，不论是多高的山，还是多深的沟壑，都能够绕过去，最终奔向大海，其实，他的个性是柔中带刚的那种，是我很欣赏的。

**每个人都渴望被看见。**人们虽然总是提到对自己不满意的地方，但是潜意识里都渴望认同和肯定。人意识层面的道理往往会受到意识层面的质疑，只有故事中的隐喻才会流淌到人们的心里，当潜意识察觉到隐喻中隐含的共同点时，人往往会获得惊人的力量，其实这世上许多所谓的奇迹和灵感都是通过这样的方式产生的。潜意识主宰着人思想的核心，潜意识说服常常从心灵深处导入信息，进入他人相应的频道，产生独特的影响，最终达成人们想要的结果。

### 共情故事，仿佛感同身受

共情最早源于德语，指的是把自己的感受投射到自然界中。比如人看到一条笔直的路，会感到它是"坚定的"。后来心理学家用"共情"来形容一个人能够设身处地地理解另一个人的感受。

现在的研究认为，共情是每个人天生具有的能力。在人类的大脑中存在一组很有趣的神经元，功能是读取他人的行为，当我们看到其他人做出某些行为或者表现出某种情绪的时候，这组神经元就会给大脑传递类似的信息，让我们也产生相似的反应。就像看到有人摔倒受伤时，我们会感到仿佛自己的膝盖也在痛。在某种程度上，共情就是身体与潜意识感受的共鸣。

**故事情节和走向容易激发我们的共情。**

有一位叫作刘盛兰的老人，他年轻时曾为了生计在外打工，老年的时候老伴去世，只剩下自己一个人。为了在自己无力行动的时候身边能够有一个照顾的人，他想到了助学。这个初衷很简单直接，但是，他助学的规模一点一点超出了自己最初的预想，受捐助的学生从周边几个地市"扩张"到全国各地。最多的时候，他同时资助了50多名学生。他并没有很多的积蓄，用来捐助的钱来自每天骑着自行车走街串巷捡回来的破烂，他的生活过得也很清苦，十多年几乎没有吃过肉，也没添过一件新衣，甚至吝啬得连一个馒头都舍不得买，并且一直没进养老院，因为这样能拿到每年4000元的生活补贴。他把省吃俭用的钱全部捐给了贫困学生。多年来，他一直珍藏着一个深蓝色布袋，里面装满了汇款单和学生们的回信。

这是2014年中央电视台《感动中国》栏目记录的一个真实故事，现在读来，依旧会激起人们心中的敬佩和无限的感动。

**与听众的潜意识对话是连接演讲者与听众心灵的重要桥梁。**不论是哪种情境中的演讲，最终的目的都是与听众达成某种共识。只有故事能够达成演讲者与听众潜意识的对话，才能促成演讲的目的。

# 会讲故事的人更容易成功

　　拥有故事力是成功者的核心秘诀。现代社会，信息爆炸，演讲的平台越来越多，与公众建立联结的方式也越来越直接。正如周鸿祎所说，在现在这个个人 IP 时代，能否找到合适的方式表达自己将决定一个人、一个企业、一项事业的成败。而故事力，就是能将要传递的信息进行最优化表达的演讲技能。

　　古今中外，许多成功者都是拥有故事力的人。

## 成功的人都是会卖故事的人

　　故事力在商业活动中日益成为个人和产品服务在激烈竞争中的制胜利器。我们也曾见证过许多通过故事营销树立品牌形象的成功案例，比如 New Balance 讲了一个李宗盛《致匠心》的故事，使其品牌格调又陡然升了一截；海尔只讲了一个砸冰箱的故事，从而让人们认识了海尔，相信了海尔产品的品质……

28 年来，我一直从事演讲培训，我曾经连续十年担任阿里巴巴的演讲教练，作为多家上市公司总裁的私人演讲教练，创办余歌演讲频道，发起中国演讲节。演讲与我每一段的人生选择都有关，现在每一段经历也都成为我演讲中的故事。

卖产品，谁都会，但卖故事就不一定了。曾有经济学家指出，在美国，有 25% 的产业跟广告、咨询等说服性业务相关。如果这些说服性业务中有一半包含故事力，那么故事力将为美国每年创造近 1 万亿美元的经济价值。

每个时代都需要故事力，只要是有人的地方，就有听故事的需求。在讲故事的时候，演讲者可以更好地传递信息，说服观众，可以给观众留下更深刻的印象，讲故事更能唤起听众的某种感性的共鸣和认同。

## 故事力是谈判力的核心

不论是宣扬某种观点的演讲，还是据理力争的谈判，故事力都是取得成功的得力工具。**一个好的故事讲述者能够在谈判中说服对方。**比如如果你想教育对方努力学习，就讲通过学习实现目标的故事；如果你想教育对方教育不是出人头地唯一的途径，那么就去讲述从小辍学却成功创业的人物的故事。

在课程上，我常常讲一个故事。有一个产品设计公司的创始人开始用故事来支撑他的谈判能力。他的客户是一家大型企业，所做项目是公司有史以来从未做过的业务。要谈判的项目涉及一个非常重要的领域，能否在这个领域寻求突破将决定这家公司的未来。然而，在谈判初期，客户并不信任这家小型公司，创始人想到了一个故事，他开始娓娓道来：

这家公司是由我和几个好朋友一起创立的，我们小有经验，但资金紧张。不久，我们遇到了跟我们颇为相似的一个小型公司，他们正好也有与客户谈判的机会，我们共同分享资源和信息，齐心协力地为客户提供最佳方案。后来这个客户需要的品种、品质要求越来越高，他是我们的传感器和急先锋，甚至比我们更早看到某些趋势，我们紧跟着他的变化。通过与他的互动，我们成长顺利，我们多次一起成功地完成了项目，现在他成了我们的重要战略客户。

通过这个故事，创始人向客户传达了自己团队的诚信、合作精神和能力，表现出了自己的信仰和价值观，让对方认为自己与这家小型公司合作将会是一个好的选择。最终客户决定与他们合作，并在合作中推动了公司的发展，最终这家公司取得了巨大的成功。

这个案例充分说明，故事是商业谈判力的核心，通过娓娓道来的方式阐述团队的实力和信仰，重塑信任关系，拓展公司的商业格局。

以俞敏洪的创业经历为原型的电影《中国合伙人》中，

有这样一段精彩的情节：在"新梦想"探索到新的模式并获得成功时，三位合伙人收到了一份来自美国林斯出版社的控诉，美方认为"新梦想"侵犯版权，盗用教材和真题，帮助中国学生在考试中获得了不正当优势。于是三人开始了与美方的谈判。这场谈判的进展并不顺利，他们在机场安检时被区别对待，空等了 6 小时后被告知对方已经离开，谈判初始，三个人各执一词，被美方看笑话，这些似乎都预示着这场控告将败诉，这场创业也将惨淡收场。但是最后，主角成东青用自己背下一本英文法典的事实，讲述了一个属于自己也属于所有中国年轻人的故事——中国的年轻人为了学习可以付出的艰辛是对方难以想象的，越来越多的年轻人远赴美国但最终又离开美国，如今的中国已然成为全球最大的英语教育市场。这使得美方重新审视这个中国培训机构。最终三人赢得了美方的尊重，避免了巨额的赔偿，还实现了将"新梦想"在美国上市。

故事是谈判中最直观有力的佐证，不仅能够表达立场，还能够表达出态度和情感。成功地在谈判中运用故事，将取得事半功倍的效果。

### 故事力是决胜未来的能力之一

每个人都有自己的故事，人人都是个人生活的策划者。让人生存下去的不是食物，而是故事。

丹尼尔·平克是曾经任职美国副总统的阿尔·戈尔的首

席演讲撰稿人，他认为决胜未来的六大能力中，其中一项能力就是故事力。

听故事是人的天性，故事最初产生的原因是实用主义的需要，向别人讲述自己的故事，听别人讲故事，是我们认识世界、学习和分享某种生存经验技巧的一种手段。我还记得感到迷茫无助的时候，通常是一位智者或前辈在轻声细语的叙事中点醒了我。故事就像充满魔力的大门，可以令听众迈过自我设置的门槛，在细节的描述中清晰地看见未来的图画，从而去发现生命中更多的可能性。

故事力是用故事思维看待世界、与世界沟通的能力，也是帮助我们决胜未来的一种重要思维能力。

第二章

这个时代，故事力就是竞争力

讲故事是把想法转化成现

实最有效的方法。

——罗伯特·麦基

# 以情感取胜：人人都不愿被教导

生活中常常听到这样一句话："听过很多道理，依然过不好这一生。"这是因为人类的大脑中存在两个系统，一个是依赖情感和经验的直觉系统，一个是需要集中注意力用逻辑分析的理性系统。通常情况下，直觉系统的反应更快，因此即便了解很多道理，人们也总是依照直觉、情绪去行动。

我们的思维系统决定了不愿意被教导。要想影响它，就需要先从情绪入手，然后再处理理性和逻辑。即能讲故事就不要说道理。

2015 年，腾讯发起一年一度的全民公益活动，将 9 月 9 日定为公益日，发动公众在这天通过小额捐赠（1 元起步）、步数捐赠、声音捐赠等方式参与全国各地各类型的公益事业。2015~2018 年的 4 年时间里，在公益日活动中捐款人次从 205 万增长到 2800 万，扩大了 13 倍；善款总额从 2.28 亿元增长到超过 14 亿元，提高了 5 倍多。在公益日期间，腾讯并没有宣讲道理，而是鼓励每个公益项目负责人讲述项目执行过程中发生的故事。这些故事中有受助群体的日常生活，也有志愿者的所见所感。在项目展示平台上，腾讯公益除了设置项目必要的资质证明版块，还专门设置了项目故事版块，同时专门指导各个项目团队人员收集故事素材。这些真挚的故事或温馨、或感动、或令人惋惜、或令人敬佩，每一份激荡的情感都在促进人们最终参与公益行动。

可见，即便是公众普遍认同的道理，也需要故事的催化。为了发挥故事的情感导向作用，可以从以下几个角度着手，即设置转折、设置悬念、巧用渲染和铺陈，如图 2-1 所示。

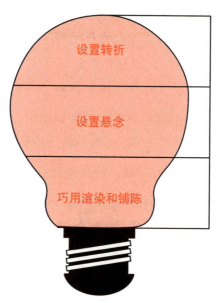

图 2-1　故事情感设置原则

**第一，故事中要有转折和对比。**

故事的开篇往往会向听众交代时间和人物要素，当听众进入故事情境之后，要在意想不到的地方出现转折和对比，这样就可以给观众造成一种落差，从而对故事更感兴趣，情绪也会跟着起伏。

我经常在故事中讲述我自己的成长经历，例如"从小我的个子不高，力气也不大，在小伙伴身边总是感到很自卑，9岁的时候还不敢一个人去打酱油……"听众看到在演讲台上的我和故事里的我如此不同，就会好奇我经历了什么，我是通过怎样的契机成为现在的自己。接下来，我会讲到我第一次读到卡耐基的《人性的弱点》，会讲到妈妈对我的认可和鼓励，会讲到我在做销售时的经历，通过故事的转折和对比点明演讲的主题。

转折可以出现在情节中，也可以运用在总结中，演讲家刘吉在一次演讲中，使用 11 个转折短语描述青年成熟的标志："温柔而不软弱，成熟而不世故，谨慎而不拘泥，忍让而不怯懦，刚强而不粗暴，自信而不狂妄，热情而不蛮干，勇敢而不鲁莽，好学而不盲从，纯真而不清高，敏锐而不轻率。"简洁又清晰。

**第二，在故事中设置悬念。**

平淡的故事往往索然无味，听众的情绪也很难有起伏，设置一个悬念可以为故事和演讲营造出一种神秘的氛围。故事的悬念可以出现在开篇，也可以出现在转折的部分，吸引听众听下去，然后再慢慢地揭开悬念，让听众在故事中听到更多的信息，这样可以让听众更加认可故事传递的理念。

我有一个学员朋友，个性强势，总是咄咄逼人，每当员工犯了错误，都会抓着不放，不断地批评指责，他的员工苦不堪言，和他一起工作时的压力倍增。于是，有一天我给他讲了一个故事，让他开始做出了改变。

故事是这样的：

在一个大学宿舍里，有个男生看到室友床边放着一个臂力棒，试着掰了两下，没有掰动。这时候室友回来了，男生于是问室友能够做几下，室友很平淡地说："50下。"男生满脸不相信，他觉得自己一下都做不到，室友怎么可能做到50下？认定室友在吹牛，于是呛室友："你别吹牛了！"甚至叫来其他室友和隔壁的同学，说："我要和这个吹牛的家伙打赌，他要是能做50下，我就给他500块！"围观的同学都开始起哄，室友被迫无奈，只好拿起臂力棒掰了起来。一下、两下、三下……室友从容地掰着。慢慢地，其他室友也回来了，并且在一旁大声地数数，越到后边数的声音越大。当数到40下的时候，那个男生已经面色发青了，终于数到48下、49下……

故事讲到这里，我停了下来，观察朋友的表情，问他会是怎样的结局，他说这还用想吗，当然是数到 50 下，然后大方地说"你什么都不用做"，让那个呛声的男生长点教训！

我笑着继续讲出结局：当室友开始掰第 50 下的时候，他突然脸色涨红，尝试了几下，每次都没有掰下去，最后，室友放弃了，说自己掰不动了。然而在场的每个人都知道，室友在说谎，他其实能够做到。

听到故事的这个结局，朋友沉默了片刻，然后了然一笑，对我说："老师，我明白你的意思了，人与人的相处需要留有余地，这个室友的方式真不错！"

故事的悬念不需要多么离奇，要在听众的意料之外，同时也要在情理之中。这样的故事发展是温馨的，也是温暖的。

### 第三，故事中巧用铺陈和渲染。

在故事中根据主题的需要，从各个角度、各个方面进行铺陈渲染，造成一种"先声夺人"的气势，把听众的思绪引入特定的氛围中。在此基础上，演讲者再阐述其思想观点，对听众的引导就会水到渠成，事半功倍。

我第一次到阿里巴巴演讲的时候，为了吸引现场 160 多人的注意力，也为了给我的演讲"造势"，我拿着一本旧旧的卡耐基的书走了上去，然后我在演讲的开始讲了一段我和这本旧书开启缘分的故事：20 多年前，我还是一个内向的年轻人，有一天，我在二哥的房间里发现了一本书，这本书的第七页的倒数第四行写着一句话，从此改变了我的人生，让我走向了不同的道路，从一个自卑的少年成长为一个演讲教练。大家想知道这句话是什么吗？然后我站在讲台上翻开这本旧书，而大家也被我的故事和动作吸引，全神贯注地等待揭晓书中的那句话……

渲染时可以使用语言，也可以借助道具吸引听众的关注。

先从情绪入手，

再处理理性逻辑。

能讲故事，

就不要说道理。

# 目的植入：故事比道理更容易传递道理

**故事比道理更容易传递道理。**在犹太人中流传着一个古老的故事，曾经"真相"也是一个人，但是她直接又冰冷，被村子里的人拒之门外，因为她的直白让人难以接受。直到"真相"遇到了"寓言"，"寓言"用故事为"真相"进行装扮，让"真相"变得温暖，并再次将"真相"送回村庄。这次，人们热情地迎接了"真相"……这个寓言形象地隐喻了故事和真相的关系，冰冷直白的道理与真相需要故事做缓冲。

故事是人类的启蒙老师，一些孩子学习关于世界的道理和关于社会的规则，往往都是从故事开始的。《三字经》的每一个词句都关联着一个关于真、善、仁、义的故事。它不仅讲述了历史，也讲述着流传至今的真理，启迪着人的心智。随着年龄的不断增长，我们听到各种寓言故事、成语故事、传说故事，逐渐了解我们的国家和文化。长大后，我们又变成了故事的讲述者和书写者，传递我们自己的价值观。

这个时候，我们就会发现，不论是表达一个观点，还是传达一个目标指令，如果生硬地讲，很难使人听进去。因为人们更习惯听故事。

通过故事传递道理是有方法和步骤的：制造问题—设置转折点—呈现改变—申明观点，如图 2-2 所示。

图 2-2　故事思维的基本原则

例如，作为一个老板，你想在开会的时候激励员工，你可以这么做：首先，讲讲自己曾经遭遇过什么样的困境，自己当时的心境如何，以及为难之处是什么，营造困难点可以引发员工感同身受；

其次，设置转折点，说明是什么样的一个契机给了你启发和帮助，让你发生了积极的转变，从而改变了困境；

最后，借助故事的结局，让听故事的员工可以得到一些启发，然后再进行接下来的呼吁。这就像在看电影一样：原本世界一片祥和，"坏蛋"出现制造危机，"英雄"出现拯救世界，最后人们感悟进而做出改变，继续守护成功的结局。

其实，这不仅是一个方法，也是故事思维的基本原则。我们借助故事是为了引发人们的深思，促进改变。换言之，是为了促使目的植入。

演讲是社会性活动，具有一定的目的性。故事演讲同样具有目的性。演讲者为了争取最大限度的"共同性"，即取得听众的共识、建立认同感，就需要不断地植入和强化演讲人的目的。这也是演讲的重要元素。

华为 CEO 任正非在 20 多年前曾经写下《致新员工书》，他并没有生硬地罗列出华为的员工管理准则，也没有向员工强调要遵守公司的制度，而是在约 3000 字的长信中，使用第二人称，仿佛一位长者前辈在对话一个初入职场的新人。任正非在信中和员工分享的第一件事是运用公司的求助网，鼓励员工求助于他人，也为他人提供帮助。这样真诚的提示让人倍感亲切。接着，他在信中描绘了几种在华为工作中可能会经历的情境，在基层踏实的奋斗，集中精神在一个领域提升自己，感到委屈，对生活有了新的评价等，这些都是年轻人的选择与困惑，任正非在信中也给出了自己的思考和期待。虽然这封《致员工书》没有提到华为对员工的要求，但是平等的对话处处彰显着企业的精神。不仅提前为员工即将面临的问题打下预防针，也提前给出了应对方法。

高明的演讲者在强化演讲目的时往往是潜移默化的。不过，我们也能够从中总结出目的植入方法：提前凝练，避免生硬和适当重申。

为了传递清楚故事，我们在讲述之前需要事先列好目的和提纲，包括我们要传递的目的数量，并把这些目的总结为简洁的论点，再进一步构思故事的呈现方式。

目的植入不能生硬，目的需要和故事契合、自然融入。即便我们不说出观点，当听众听完故事的时候，心中也会自然而然地推断出相似的结论。

在演讲过程中可以适当重申演讲的目的。所谓"重要的事情说三遍"，社会心理学的研究发现，说服的关键并不在于信息本身，而在于能否激发说服对象积极思考。而重复信息是一个已经得到证实的有效方法。故事中的关键信息，与演讲目的有关的关键词，适当的重复，将有利于演讲目的的植入。

# 自我代入：4 个要素，让听众身临其境

回想一下，当你在阅读或听到一个故事的时候，是否曾经有过这样的体验：仿佛故事中的画面就出现在自己的面前，似乎脑海中会模拟故事中人物的对话语气，偶尔还会想象如果自己是故事中的某个人，会做出怎样的选择……这种体验被称为"代入感"。

自我代入，是故事的神奇之处。由于人类具有想象力，文字和语言很容易就能够发挥故事的折射力，将听者代入其中。

不论我们是否愿意接受，不论我们在现实生活中取得了怎样的成绩，站在全体人类的视角，我们都在平庸地、循规蹈矩地、平淡地生活着。然而文化科技的进步丰富着我们的精神体验。科学家发现，人类精神领域的发展要远远超过物质领域的发展。因此，人们需要各种形式的故事来弥补精神世界与物质世界之间的差距。我们喜欢电影，喜欢阅读，会

被传奇和冒险吸引，会因为天马行空的奇思妙想感到兴奋。我们会不自觉地沉浸在故事中，将自己代入故事里，故事让我们产生了不一样的生命体验。

在故事演讲中，为了进一步发挥故事的折射力，鼓励听众自我代入，可以使用以下四个策略，如图 2-3 所示。

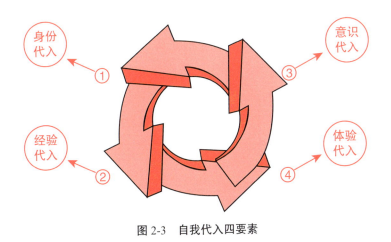

图 2-3　自我代入四要素

**第一，故事的主人公与听众之间要有着相同的身份。**

最直接的代入感是故事主角与听众之间的相同或相似，如同样的年龄、职业、爱好，同样的苦恼和困境等。如果你的听众都是家长，那么亲子之间的故事比较适合；如果你的听众是员工，那么职场中的故事比较适合。如果讲述者和听众之间身份相似，那么讲述者的真实故事也会让听众产生代入感。当故事的主人公不是身边的人，而是来自传说或神话时，那么也要选择与听众的文化背景有关的人物。

因此，在构思和筛选故事之前，一定要了解听众的特点，探寻他们的共同点。

### 第二，故事中要出现共同的经历。

故事能够激发听众的情绪感受，这个感受来自共同的经历：曾经站在台上大脑一片空白紧张得说不出话，曾经找不到门路迷茫无助，曾经年少时懵懵懂懂的心动，曾经独在异乡的孤独……只要在故事中出现了相应的情境，就会勾起听众相似的记忆，自然也会跟随故事的发展，体会到故事的寓意。

心理学家班杜拉曾经提出过一个心理学概念：替代性经验。他发现人们会根据他人的成功或失败的经历推论自己的情况。尤其看到与自己能力水平相当的人的经历时，会认为自己处于相似的情境中，也会得到相同的结果。演讲者的故事与听者的经历越相似，就越能够成为听者的替代性经验。

听众会因为什么而开心？因为什么而恐惧？对方在期待什么？纠结什么？我们在准备故事的时候，不仅要思考如何表达自己的观点，还要站在听众的立场，思考什么样的讲述是受欢迎的。

我在给企业家做演讲培训的时候，经常会提到大家曾经因为不敢演讲而错失机会，也会分享我曾经不敢在人前讲话的经历。这些共同的感受不仅能够引起共鸣，也能够通过我的切身经历，为大家建立改变和成长的信心。

### 第三，故事具有一定的参与感。

演讲过程中听众不是完全被动地倾听，还需要参与到故事之中。比如，故事情节的发展跌宕起伏，有伏笔，有转折，就能吸引观众一起思考，一起体会解决问题的快乐。

比较常用的提升听众参与感的方式是提问和回应。当故事中出现转折，主人公面临选择的时候，将问题抛给听众，听一听大家的反馈。当听众中有人做出了反应时，不论是质疑故事，还是无意间的打岔，都不要忽略它。

在一次演讲培训课上，我邀请了一位学员进行即兴演讲，起初他站在台上说："我是一名健身教练，我来自某地，我的理想是……"越说台下的人声音越大，而他的声音越来越小。于是我让他发挥自己的专长，尝试和台下的人互动，讲一讲在健身房中的故事。

他想了想，把现场当成了他的健身房，然后对大家说："接下来我做几个动作，大家要认真看，认真听，跟着我做，我一会要点名提问……"大家起初并不知道他在卖什么关子，但还是跟着做了几个动作，然后他开始询问大家做动作的感受，并讲起了曾经有一个顾客在他的指导下做出了一个动作而产生了不一样的情绪体验，那个时候他自己也感到十分有成就感，而这就是他做健身教练的重要动力。就这样，他带着台下的所有人一起切切实实地感受到了关于他的自我介绍。

**第四，在故事中塑造身临其境的感觉。**

要做到这一点，需要充分调动听众的想象力。运用语言，刻画细节，塑造出听众熟悉的场景，便于听众在脑海中呈现相应的意象。当提到故事的时间时，应给出具体的时间，例如"那是我读高中的时候""那是一个秋天的傍晚"……；当提到某个人物的时候，要有这个人的动作和表情，例如"老村长端着茶杯自在的样子……""店铺的老板躺在院子里的摇椅上，扇着扇子……"此外，我们还可以借助不同的感官为听众营造身临其境的感觉："那天的风暖暖的""闻起来有一种淡淡的玫瑰花的香气""天气冷得手都没有办法攥在一起"，等等。

我总结了一些提高代入感的方法，放在表 2-1 里。

表 2-1　提高故事代入感的方法

| 提高故事代入感的方法 | 具体描述及形式 |
| --- | --- |
| 使用情感化语言 | "刺痛的感觉""痛苦不堪""过去多年后想起来依然感觉到心潮澎湃""凄凉的夜晚""冷酷无情的世界"，等等，都是情感化语言 |
| 注重视觉效果 | 通过使用图片、视频、音效等，可以更直观地展现故事情节和人物形象 |
| 关注听众的兴趣和情感需求 | 演讲过程中，感觉听众的反应进行故事讲述的调节 |
| 讲述真实的故事 | 1. 选择可以被公开的故事<br>2. 强调真实故事的重要性<br>3. 描述具体细节<br>4. 利用个人情感和经历来强调故事的真实性 |
| 强调故事的价值和意义 | 1. "这个故事中的经历和教训告诉我们……"<br>2. "通过分享这个故事，我想强调……"<br>3. "这个故事教会了我……"<br>4. "我分享这个故事的目的是想……"<br>5. "这个故事的真正意义在于……"<br>6. "我想向你分享这个故事，因为我相信它对你会有……"<br>7. "通过这个故事，我体会到了……"<br>8. "这个故事提醒我们……" |

# 潜意识催眠：于无形中化解听者的抗拒

人们总是对自己的观点充满自信，而对他人的观点持怀疑的态度。因此，在沟通中会出现这样一种现象，听者主动在内心设起屏障，对演讲者陈述的内容和观点出现抗拒和警惕，仍旧坚持相信自己的观点，甚至会扭曲听到的信息。这个现象叫作**"防御性倾听"**。

防御性倾听有几个信号：辩护——我不是这样想的，我怎么会不在意你呢？我可不是你形容的那种人；攻击——你又关心过我吗？你不也总是这样么？你讲这么多有什么依据呢？回避——你这么想我也没有办法，再说下去也没什么意义，拿起手机或被其他信息转移了注意力。

| 防御性倾听 | 积极倾听 |
| --- | --- |
| 耳朵被动接收各种声音的行为 | 个体主动接收信息的行为 |
| 个体对声音的信息无感 | 个体对所听信息加入思考 |
| 意识层面被动，潜意识层面抗拒 | 意识层面渴求，潜意识层面喜欢 |
| 信息呈现方式决定效果 | 信息呈现方式不重要 |

要化解防御性倾听，可以借助故事的力量。**所有的防御都来自我们的内心，消除防御需要潜移默化**。故事具有柔性力量，并且能够与听者的潜意识进行对话，所以巧用故事，能够达到给潜意识催眠的效果。具体的化解方式，有以下几种：

**方式一，在演讲过程中展示演讲者的亲和力。**

当演讲者本身就是行业大咖，具有一定的权威时，听众虽然认可演讲者的成就，但是内心会有一定距离感，对演讲者有一种敬而远之的感受。当听众对演讲者并不熟悉时，听众的内心会产生疑问，总是要去对演讲者的观念进行验证。因此，我们会看到那些有经验的演讲者会先消除这种与听众之间的心理隔阂，要么自嘲，要么增加互动，增加自己的亲和力。

无论演讲者是行业前辈、领域专家，还是领导者，当站在听众面前时，都需要谨记保持谦逊。**成熟的演讲者要成为谦卑的权威，培养不骄傲的自信**。听众都是聪明而敏感的，演讲者任何的傲慢都会被听众察觉到。因此，演讲者在开始演讲之前，就要重复性地询问自己一个问题：我是谁，我的身份、我的使命、我的愿望都是什么？思考如何用最简洁的方式讲出来，如何用故事表达出来。

张朝阳是搜狐的 CEO，同时也是清华大学的物理学博士，他曾经直播讲物理课，虽然能听懂者寥寥，但直播间里人山人海。物理学晦涩难懂，学习理解具有一定的门槛。但是张朝阳首先讲述了自己近两年教授物理课的故事，并强调自己得到的经验是"长期坚持，找到做这件事的意义"，然后他围绕"非球形天体的引力势"，借助勒让德函数展开求出了旋转对称椭球体的外部引力势，进而求出地球的潮汐形变以及地球对月球的力矩。在解析潮汐效应的时候，张朝阳还分享了一个观点："月球离开地球或者被地球远远抛弃的感觉，实际是它自己作的——它的质量导致了地球的形变。"可以说，张朝阳将理论与现实生活相结合，逐渐拉近与听众的心理距离，最终"催眠"了所有的听众，让听众在听懂与听不懂之间逐渐喜欢上他的授课和演讲。

**方式二，演讲者与听众是"我们"，我们之中没有坏人。**

当演讲者想要进行表达时，内心总是有一种假设：我掌握了其他人没有的信息或我发现了真理，其他人是错误的。这样的认知会将演讲者和听众放在对立的立场中。在故事中也许有好人和坏人，但是在演讲过程中，并没有人在扮演正派或反派。**要把听众的立场当作自己的立场，把听众的需求当作自己的需求，和听众变成"我们"。**

因此，故事是与我们都有关的故事，观点是我们都乐见的观点。在准备故事的时候，不妨事先把自己讲故事的过程录下来，然后自己来听。感受一下，当自己作为听众的时候，是否喜欢这样的故事节奏，是否喜欢这个故事。此外，进行更多的练习，根据听众的反馈不断进行磨合。

**方式三，认同听众的反应，避免争执。**

永远不要去试图改变任何人，因为人只能被人影响，只有在被影响以后改变才会发生，而影响的媒介就是语言。不要试图去改变一个人的想法和行为，学会认同对方不同的观点和思想，避免发生语言上的冲突和争执。**当演讲现场有人提出了质疑，有人故意"抬杠"，也不要急于反驳，静静地倾听。**

我刚开始用抖音的时候，一个人在我的视频下留言："你和乐嘉比，简直就是垃圾。"我不知道这个留言的人是谁，但是我并没有和他去辩驳，而是去认同他，我回复他："你喜欢乐嘉吗？我也喜欢乐嘉！乐嘉老师太厉害了！"结果这样聊了几句之后，他留言说："你这个人还不错，我也在广州，有空过来的时候我请你喝茶。"

没有人是完美的，我们总会有短板，总会露出不足，最重要的是以百分百的热忱去行动，以百分百的虚心去面对批评与不同的意见。不论对方怎么讲，都完全接受，你的内在有多么自由，你的外在就有多么绽放。

对于故事讲述者来说，
只有更好地站在他人的
立场，
才能更好地站在自己的
立场。

# 情绪变现：任何购买行为都是情绪性的

有一次，我去买衬衫，走进第一家店的时候，我看到一款比较中意的衬衫，于是我问店员："这衬衫多少钱？"店员看也没有看我，回答："你自己看。"衬衫挂在高处，对于身高并不高的我而言，真是有点尴尬，于是我转身离开了。

来到第二家店，我又看到了一款中意的衬衫，鉴于在第一家店的经历，我先在门口询问衬衫的价钱。然而店员并没有直接回答我，而是笑着对我说："先生，你先进来喝杯水吧。"我本不想进去，就又问了一遍："衬衫多少钱？如果价钱合适，我就买了。"店员还是微笑着说："先生，您还是先试一试，要是不适合，送给您您也不会要的。"这句话让我觉得很贴心，于是我进店试衬衫。这时候，走过来三个店员，围在我的身边，在我试衣服的时候，细心地帮我整理领口，温柔又不失礼貌，在我穿好的时候，三个店员都称赞说："这件衬衫太适合您了，您穿起来显得气质很好。"这一套连招下来，我的购买体验和情绪都变得很好，顿时就让我产生了一种想要购买的欲望。这时候店员又很有策略地继续为我增加购买的理由，她说："先生，昨天也有一位先生试过这个款式的衬衫，但是他觉得贵没有买，我倒是觉得衬衫就等于男人的又一张脸面，您觉得是这样吗？"我说我也这样觉得，于是我就很自然地付了钱。当我走到门口就要离开的时候，店员又拿出一条领带推荐给我，我说并没有买领带的打算，但是店员说："先生，这是我们这一季最时尚的款式，只剩这一条，而且打五折，只是想让您试一下。"当我试戴领带的时候，三个店员又异口同声地说："哇，简直就像给您量身定做的一样。"结果，我像捡到便宜了似的，又买了一条领带。

**罗伯特·麦基说："讲故事是把想法转化成现实最有效的方法。"**人类是情绪动物，任何决策都离不开情绪，任何购买行为都是情绪性的。回想一下，我们来到商场购物，一个售货员耐心细致、认真地说明产品的特性；一个售货员心不在焉，只是催促你快看快买，那么你会选择在谁那里消费呢？

我们在网络平台购物的时候，都会参考商品评价，我们关注的不仅是其他人的商品体验，还包括对店家服务的评价，因为我们会因卖家的态度而产生不同的情绪，情绪会影响我们的购买决策。

在沟通中，讲故事是最能直接打动听众的方式，故事也成为影响演讲结果的重要因素。一个有魅力的演讲者，不仅会在演讲过程中展示自己的声音、表情，同时还会向听众传递一种感受：所有的信息都是发自内心的真诚交流，是以尊重的态度进行的平等对话。如此，将实现情绪变现，如图2-4所示。

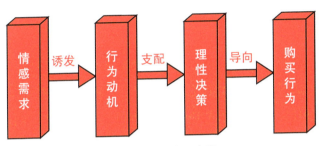

图 2-4　情绪变现步骤

**首先，故事构建情境，促进购买行为。**

心理学的研究发现，情绪不是凭空出现的，需要借助一定的外界刺激，例如声音、影像、文字、想象的信号，当这些信号构建了相应的情境，我们就会感受到相应的情绪。

情人节的时候，很多年轻人会通过鲜花来表达爱意，但是每逢节日，鲜花的价钱都会随之上升，让年轻人望而却步。有一个年轻人在情人节走进花店，他其实是有些犹豫的，觉得这一束售价999元的玫瑰实在有点贵。一个店员介绍，玫瑰是最新鲜的，从云南空运而来，也是最受女孩子喜欢的花束。可是不管怎么说，年轻人都觉得贵，不愿购买。这时另一个店员走过来，开口肯定了年轻人的行为："先生，给女朋友买花，真是好浪漫呀。年轻人接着说："打个折吧，有点贵呀。"这个店员不急不忙地继续说："先生，这么大一束鲜花，如果送到你女朋友的办公室，她会是怎样惊喜的表情？她一定笑得很开心，要是发到朋友圈，同事、朋友都会感到羡慕。情人节的花是工具，重要的是借此博得心上人的欢心。先生，女朋友的开心是无价的，我这就给您包起来吧……"

故事中的年轻人在思考价钱的时候，用的是理性思维，第一个店员一直在和年轻人讲道理，年轻人因此想到的也只有性价比。第二个店员让年轻人想象女友收到花时的画面，就将理性转向了感性，愉悦的情绪跟着出现，年轻人的行为也因此改变了。

构建一个让听众心动的情境、一个有代入感的画面，听众的行为改变也会随之发生。所有的产品一开始都是没有意义的，除非将其放在客户工作和生活的场景。如果在街边看到一把生锈的钥匙，我们并不会有兴趣捡起来，甚至还会踢到一边。这时候，突然有一个人神色慌张地跑过来，他是某个博物馆的工作人员，告诉你他丢了一把钥匙，这把钥匙是一个重要的古代柜子的钥匙，具有很高的历史价值。这时，那把生锈的钥匙价值瞬间翻倍。

因此，我们的故事要产生让情绪变现的力量，故事本身不仅能传递一定的信息，还能够帮助听众想象故事带来的好处，能够与美好的未来产生关联，并在脑海中构建故事中的画面和场景。

**其次，故事赋予产品情绪价值，鼓励购买行为。**

我们喜欢购物，开心的时候去逛街开心一下，不开心的时候消费宣泄一下。有时候还会买一些并不实用的东西，但是这些东西都有一个共同特点：在某个时刻满足了我们的情绪需要。情绪价值＝情绪收益（积极的情绪体验）－情绪成本（消极的情绪体验），如图 2-5 所示。

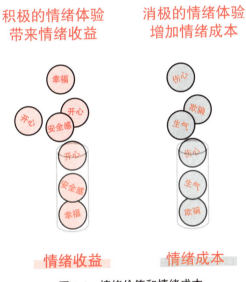

图 2-5 情绪价值和情绪成本

东方甄选董宇辉直播间的销量被很多人关注，甚至屡屡创造销售奇迹。有一次他的产品是地瓜干，他按照流程介绍了产品的包装和配料，并将地瓜干分给周围的工作人员品尝。接着，他拿出一个地瓜干，仔细端详了一下，董宇辉发现这款地瓜干十分小巧玲珑。于是笑着说："一般买红薯，没人愿意买小的，因为烤也没法烤，蒸也没法蒸。那么小的个头，原本是要被注定在红薯的社会里，处于鄙视链的底端，被鄙视、被践踏、被排挤、被淘汰的！"这一番话虽然是在说地瓜干，但是也戳中了每个普通打工人的心。董宇辉又接着说："它只是没找到它合适的舞台！发现了没？它摇身一变，便成为办公室下午茶的一个点心……"

这一番话又在无形中鼓励了每个普通人，我们经历着挫折，承受着压力，不需要被表扬，只是希望能够被看见。于是，在情感共鸣下，30000 袋地瓜干很快售罄。

我们的故事要动人，打动的是听众的心，触动的也是听众的心。故事中因为体现了听众的情绪，才会让情绪变现。

# 记忆烙印：让你的故事不被遗忘的两大技巧

为了提高记忆力，人们总结了很多方法，其中比较常用的方法叫作"联想记忆法"，就是在两个信息之间建立一种联系。例如，在学习地理的时候，很多老师会让同学们观察每个国家地图的形状，并联想一种动物，以此帮助同学们加深记忆。

认知心理学的研究发现，我们学习的各种知识和概念以纵横交错的网络存在于大脑中。如果现在让你想象一只兔子，然后不加限制地进行自由联想，并把联想到的内容记录下来，你会发现，我们的思绪会无限延展下去。所以，当我们需要记忆材料的时候，可能表面上这些材料没有什么相关，但是我们可以为这些材料建立联系。比如在背诵圆周率的时候，可以用数字谐音变成一个朗朗上口的诗句："山巅一寺一壶酒（3.14159），尔乐苦煞吾（26535）"。

联想记忆法其实就是在创设一个简易的故事。通过人们联想的本能，将要表达的主题输送到对方的记忆中，成为记忆烙印。

故事能够穿越时空和历史，成为人类记忆中的沉淀。好故事能让听者记忆深刻，自发传播，我们耳熟能详的故事都是被广泛传播的故事。如果我们总结这些故事，就会发现，**让人印象深刻的故事具备两个元素：金句和惊奇元素。**

## 故事中的金句使人过目不忘

故事演讲应尽可能在一次表达中就让听众过耳不忘，"有趣"才能吸引听众记住你，产生想要认识你的想法，因此将要传达的主题化繁为简，凝练为金句，做到一鸣惊人。

"因为你相信的太多，知道的太少，所以你没有主见。"

"这个世界如此精彩，怎么可以没有你我的故事？"

"消除紧张的秘诀是不装、不端、有点二。"

"要么打赢困难，要么被困难击败。最糟糕的是被困难定义。"

"什么是梦想成真？两个字——醒来。"

……

金句并不一定只有一句话，还可以是奇思妙想。

美国一家广播公司在宣传无线电作用的科普演讲中这样开头："各位可知道，一只苍蝇在纽约的一扇玻璃窗上行走的细微的声音，可以用无线电传播到中非洲，而且还能使它扩大成像尼加拉大瀑布般惊人的巨响。"这则广播演讲选择普通人难以想象也不会去付诸实践的角度宣传无线电的特殊效能，构成了独特的开场白。

意料之外的论调往往会吸引听众的注意力，但是运用金句也需要注意分寸，不能故作惊人之语，不能为了追求特立独行大发谬论、怪论，也不能生拉硬扯，胡乱升华。否则，极易引起听众的反感和厌倦。金句要结合听众心理，才能起到锦上添花的作用。

金句还可以是故事的总结。周鸿祎在《如何演讲》的演讲中讲到，每个演讲的内容不能太长，最好只有三点，如果实在超过了三点，可以标记为"第一点、第二点、第三点、第四点、第五点……"故事演讲的时候不能完全依靠听众会总结，毕竟他们是第一次听，其间还可能走神，所以演讲者要在故事结束的时候进行总结，无论故事多么曲折复杂，都要保证形散而神不散。

## 故事中，惊奇元素必不可少

所谓故事中的惊奇元素，往往是一句话就能概括的故事特点。例如 2019 年很火的电影《流浪地球》，它的惊奇元素是"未来太阳老化，人类在地球表面安装了一万座发动机，把地球推离太阳系，寻找新家园"。你看，这句话一说出来，就让人很有兴趣，充满期待。再比如，有一部电影说的是警方和黑帮互相安插卧底，最终双方的卧底在天台持枪相见。我想你可能听出来了，说的是《无间道》。再比如，一个男人被冤枉，在监狱里待了 20 年，用一把吃饭的勺子挖出了一条密道，最终逃出生天。你可能又听出来了，没错，这就是著名的《肖申克的救赎》。

许多卖座的电影都有一个能用一句话概括的惊奇元素，这便于传播，容易记忆和理解。要给故事提炼惊奇元素，需要注意两个要点。

**第一，这个惊奇元素必须是一个能让人兴奋的小概率事件。** 比如中彩票、英雄救美、创业时经历过至暗时刻，又如何从谷底反弹回来、从班级最后一名逆袭成第一名，等等。你可以想想，有什么事是自己独特的经历。这段经历就有可能成为你的惊奇元素。

**第二，惊奇元素不能长，必须能用一句话概括。** 仔细想想你就会发现，很多名人的故事都包含这么一个简洁的惊奇元素。比如乔布斯，他的惊奇元素是一个曾经被苹果抛弃的人在危难之际重回苹果，带领公司走上巅峰。

别让老套的故事毁掉你的
演讲，
使用惊奇元素点燃听众的
热情。

## 第三章

# 6大设计原则，打造超级故事

演讲要讲故事，创业要讲故事，销售要讲故事，营销要讲故事，带团队要讲故事，学会讲故事在新媒体时代是每个人必须掌握的技能之一。

# 意义感：故事要对听众有价值

那些能够吸引我们听下去的故事往往都有一个共同点，就是故事内容有意义，对听者有价值。

喜欢听故事是人的天性，然而听众在听故事的过程中所能感知到的并非只有语言，还有讲述者语言背后所蕴含的能量和智慧。演讲家蔡顺华说过："**不能引发听众思考的演讲等于零。**"因此，我们在演讲中使用的故事就需要具有这样的特点——能引发听众思考，也就是意义感。

**要做到这一点，我们首先要明确自己的使命和愿景，要知道自己讲故事时想要传递的价值观。**

具体而言，就是回答这样的问题：**为什么必须讲这个故事？这个故事吸引人的部分源于你心中的哪一个信念？**一个打动人心的故事并不是逻辑清晰、脉络通顺就够了，还需要能够调动听众内心的感受。

安东尼奥·达玛西奥是一位著名的神经科学家，他经过研究发现，除了智力、语言、科学这些因素，还有一个重要的力量在驱动着人类文明往前走，这就是感受。比如，能感受彼此的痛苦成为医学发展的驱动力之一；再比如，能感受到彼此对进步的渴望成为教育的驱动力之一。由感受出发而带来的驱动力是没有尽头的。只要人活着，就能感受到彼此，而能感受到彼此会驱使我们去为别人做点什么。**如果一个演讲者没有信念、愿景和使命感，他就会想到什么说什么，讲到哪里算哪里。**即便准备的是一个精彩的故事，他的讲述也是空洞、无聊的，无法吸引人。

**其次，深入挖掘故事背后的能量。**其实故事本身就蕴含着能量，只是需要我们使用一些方法将其挖掘出来。如果你正在准备一个演讲故事，不妨试试以下方法，如图 3-1 所示。

图 3-1　好故事准备 3 大步骤

**第一步，收集素材。**在纸上写下与故事主题有关的各种词汇，把注意力转移到这些名词上。每当你写下一个词语时，你的大脑都会产生一定的联想，与这些名词相关的记忆将浮现在你的眼前。

创新是很多人会选择的演讲主题。这个主题怎么讲才会有新意呢？我在演讲培训中，会给学员讲下面这个故事。

有一个上市公司的副总裁要做一场关于创新的演讲。他准备了很多关于创新的理念及大道理，但是最后都没有在演讲中讲出来。当时他写下的各种名词是：房子、钢笔、笔记本、大衣、汽车、手机……演讲中，他的眼睛突然盯在"手机"这个字眼上，他回想起一段小时候的经历。

那时候他在读小学，手机刚刚上市，还被叫作"大哥大"，他对此很好奇，一直都想摸一摸爸爸的"大哥大"。有一次爸爸到加油站去加油，他就悄悄地拿手机给同学打了几分钟的电话。那一瞬间他觉得自己真是太酷了。结果这事很快就被爸爸发现了——爸爸去结账的时候发现多了好多电话费，他被爸爸狠狠打了一顿。但是现在回想起来，这位副总觉得挨那一顿打是值得的，因为从那一刻开始，他体验到了手机与科技的神奇——隔着那么远还可以跟同学说话，简直太不可思议了。也是从那时起，他的心里萌生了创新的意识。

**第二步，多回想生命中的第一次。**第一次的经历总是会让人产生很多的感触，印象深刻。第一次上班、第一次发工

资、第一次谈恋爱、第一次被客户拒绝、第一次获奖……有
了"第一次"这个引子，故事就很容易展开。这时，只要将
"第一次"的经历整理出来，列出一张包含人物、时间、地
点、事物、事件的清单，就可以了。

**第三步，选择故事**。故事的主题一定要契合我们想要表
达的核心思想。

如果你的发言地点是行业论坛，想要凸显你的产品理念，
就讲一个客户感谢你是因为被你的产品理念所打动的故事；
如果你在销售商品，想引导客户下单，就讲你的前一个客户
是出于什么原因购买了你的产品；如果你想激励团队，就讲
讲你第一次跑业务被客户拒绝，你又是如何走出困境的。

在主题正确的前提下，一个超级故事能为听众"解渴"，
也就是对听众"有用"，它能够解答听众心中的疑问，并能引
发听众思考，给听众带来帮助和正能量。

一个好的超级故事，

既能够为听众的好奇心

"解渴"，

也能够为他们的学习和成

长提供助力。

# 新鲜感：在旧故事上创造新的刺激

超级故事的第二个设计原则是：**新鲜感。**

心理学的研究发现，人们的注意力很容易被新奇的信息吸引，都喜欢新奇的东西，但是，如果这个东西对他们来说完全是新的，人们反而会因为陌生而感到害怕，甚至需要很长时间才会真正接受、适应并喜欢。所以，人们往往会喜欢一个结合了新奇或意外元素的熟悉的东西，例如很多产品会经常更新自己的包装和广告，以此来吸引顾客再次购买。

同理，要保证故事的新鲜感，并不需要我们的故事有多么猎奇，而是要从旧有故事中挖掘和创新，从中找出新的启发点。

皮克斯动画的分镜师艾玛·考特斯曾经分享过 22 条讲故事的准则，其中有一条是：想想你的角色擅长做什么，喜欢做什么，然后给他们相反的任务，看看他们是如何接受挑战，解决这些不曾解决的问题的。

**在讲故事的过程中，我们不需要颠覆故事内容，只需要在**

**故事的开头做出一些改变即可。**

要注意尽量避免使用空洞客套的话，例如"很可惜我没怎么准备……""很抱歉，给诸位带来了负担……"之类。我们需要在故事开场时就抓住听众的注意力，方法如图3-2所示。

| 开场大忌 | 开场大吉 |
|---|---|
| 切忌套话、空话开场 | 道具开场法 |
| 切忌假大空 | 提问式开场白 |
| 切忌一上来就引经据典 | 数字开场法 |
| 切忌离题太远 | 即景生题开场法 |
| 切忌冗长臃肿 | 好处多多开场法 |
| 切忌自嗨，无视听众感受 | 视听多方位震撼开场法 |
| 切忌严肃枯燥 | 谈话互动式开场 |
| 切忌说教，让听众反感 | 语出惊人开场法 |
| 切忌自我感动 | 故事开场法 |

**图3-2　演讲开场白法则**

### 方法一：道具开场法

在讲话之前，演讲者可以先拿出一件物品，这肯定会让在座的听众挺直身子观看，他们会猜想：他这是要表演节目吗？这就引起了听众的好奇心。

今天我给大家带来一样礼物（举起物品道具），我珍藏它已经5年多了，它不仅使我改变了自己的命运，更使我明白了自己肩上重任不止千斤。你们一定想知道它是什么，那就请听听我一个关于我自己的真实故事……

接着演讲者会以这个物品为线索讲下去，其间还可以打开、翻动、展示这个物品，让听众与自己产生共情和共鸣。

### 方法二：提问式开场法

提问能直接吸引听众的注意力，并与听众建立联结与互动的方式。一个问题会有不同的答案，这样就可以引出我们的故事，给故事增加新的活力。

大家认识球王贝利吗？在你观看过的球赛中，你觉得贝利的哪一场球最精彩呢？当贝利踢进一千个球时，有位记者问他："您认为自己的哪一个球最精彩？"贝利的回答是："下一个。"这是努力追求自我超越的优秀运动员和各行各业领军人物的共同品格，这也是我一直在努力的方向，在我还是一个小孩子的时候……

### 方法三：数字开场法

将故事背景用具体的数字表达出来，清晰直观地展示事实，制造悬念，吸引听众想要了解更多。

我们访谈的客户中有 75%……

针对调查给出反馈的客户中仅有 15%……

在过去半年，我们的交易量环比增长 74.7%……

数据是最有说服力的，展示各种数据不仅能够表明此次演讲的重要性，让所有工作一目了然，还能够顺其自然地过渡到我们的故事上来。

### 方法四：即景生题开场法

借助眼前的人、事、景引申开去，把听众不知不觉地带入演讲故事之中。

我刚才发现在座的一位同志非常面熟，好像我的一位朋友。走近一看，又不是。但我想这没关系，我们在此已经相识，今后不就可以成为朋友了吗？我今天要分享的就是和朋友之间发生的一些事情和想法。

即景生题不是故意绕圈子，所以不能离题万里、漫无边际地东拉西扯，否则就会冲淡主题，使听众感到倦怠和不耐烦。我们可以着眼于眼前，谈会场的布置、当时的天气、此时的心情、某个与会者，等等。同时，还需要尽量做到自然，使所借助的"景"与故事相互辉映，浑然一体，否则会给人生硬突兀的感觉，听众难以接受。

### 方法五：好处多多开场法

将故事的核心与听者的切身利益联系起来，从而获得听者的关注和重视。我们演讲并不是为了自己讲得痛快，而是为了获得听众的认可，传递我们的理念，与听众达成共识，促进听众采取某种行动。因此，在故事的开篇，就应先表达出这场演讲的价值，我们能给听众带来的好处是什么，例如：

各位，在我们年老的时候，回想起青春岁月，我们都希望能够将青春岁月定格，我今天要分享的就是如何定格……

### 方法六：视听多方位震撼开场法

在故事开场的时候，还可以借助各种试听效果来为故事增加惊奇元素，例如，使用图片、幻灯片、影像、音乐进行情景再现、声音再现。故事往往借助演讲者的声音和动作来讲述，如果配上与故事有关的画面，可以充分调动其他感官，与听众建立起更多的联结。

### 方法七：谈话互动式开场法

这个方法是指建立一个虚拟的场景，将听众带进去，这种方式可以模拟两人以上的场景，增加真实感，听众容易从旁观者变成当事人，比如罗振宇在 2017 年跨年演讲时的开场白是这样的：

一个月前，我问了身边的朋友和我们的用户同一个问题：对你来说，你认为 2017 年的哪一天很重要？

我得到了很多答案。其中最有共识的答案是 10 月 18 日，党的十九大召开的那一天很重要。这一天对这个国家，对我们所有人都很重要。

如果你问我，哪一天很重要？

当然就是今天——2017 年 12 月 31 号。

各位朋友，感谢收看"时间的朋友"跨年演讲，这是倒数第 18 场……

当你提出问题与听众互动时，台下的人就会被你的问题吸引并陷入思考，进行角色转换，进入即将开始的演讲场景中。

### 方法八：语出惊人开场法

这个方法适用于当现场的听众已经有些昏昏欲睡，整体氛围不是太好时，同时也适用于你排在第三、四个演讲嘉宾时的开场，因为前面的演讲嘉宾已经讲了很多，听众的状态进入低迷，此时你就可以用这种语出惊人的开场白来"炸醒"听众。

曾经有一个团队成员过万的创业者在做跨年演讲时，有很多的新伙伴慕名而来，对她充满崇拜，期待她的演讲有什么样的金句和豪言壮语。没想到她一开口，几乎把现场所有人都吓到了，她是这么说的：

我最讨厌做微商的人，以前我发现有人在朋友圈卖货，第一次会提醒，超过三次就直接拉黑了。我曾经在心里想，不至于吧，怎么生活沦落到这个地步呢？直到有一天，我遇见了一个人，他说了这样一段话……直击我心。从那一刻开始，我开始重新定义微商……后来我疯狂地爱上了微商……

当时她的开场白立马迎来如雷的掌声，这就是语出惊人的开场白。

这种开场白类似写作中的先抑后扬，让演讲的内容与听众期待中的内容有极大的反差，那一瞬间听众的整个神经都会进入紧绷的状态。

### 方法九：故事开场法

我在总裁班和大家分享演讲思维的时候，经常借助一个故事来引出我的观点：

有一个屠夫长得满脸凶相，一辈子也没有什么朋友，有一天他去世了，也没有人来吊唁，只有一个邻居来到屠夫家中，他对屠夫的女儿说："孩子呀，你的父亲虽然面相很凶，但是一个善良的人。"屠夫的女儿听后并没有表示感谢，反而很气愤地说："你怎么不早一点告诉大家，我父亲是一个善良的人呢？全镇的人都以为我的父亲很凶恶，导致他都没有朋友，直到死去都在被误解。"

　　说完这个故事，我会继续和大家讨论：不爱笑的人容易吃亏，严肃、冷酷的表情容易引起人际关系的误解，阻碍人们之间的交流。接着，我再给出我的观点：笑并不是一种能力，而是一种选择，是对他人的尊重，是对世界的热爱。至此，学员们不仅记住了这个观点，也理解了笑容在沟通交流中的重要性。

　　这就是故事开场的效果。试想一下，如果没有这个开场故事，我的演讲就会变得枯燥乏味。

# 娱乐感：让听众愉悦放松，是演讲者的使命

超级故事的第三个设计原则是娱乐感。从这个角度来说，让听者愉悦放松，就是演讲者的使命。

大多听众都不喜欢一成不变和单调无趣的内容。因此，作为一名演讲者，要让听众在一个特定的物理空间里不感觉沉闷、无聊，我们就要使用各种表达方式，例如平稳的表达、激情的表达、安静的表达或说唱等形式的表达。

如果我们的表达方式能够让客户、听众开怀一笑，我们就会发现，这时的听众是放松、亲和的，注意力是集中的。当然，我们的目的不只是让听众笑，而是创造一个轻松愉悦的氛围，以达成演讲的目的。因此，超级故事要具有娱乐感，要有趣有料又好玩。那么，如何体现娱乐感呢？

**第一，在讲故事的时候要敢于自嘲。**

很多演讲者在大家面前讲话的时候，总会不自觉地给自

己增加很多包袱，比如，我是一个领导者，我要保持完美，我一定不能出错，我必须展示我的能力……然而，这些包袱不仅会增加演讲者的负担，也会拉大与听众之间的距离。心理学中有一个有意思的效应，叫"仰巴脚效应"，如图 3-3 所示。研究者们发现，当人们面对十分完美的人和偶尔出现一些小失误的人时，他们更容易对后者有好感。

"仰巴脚效应"

又称"出丑效应"，是指才能平庸者固然不会受人仰慕，而全然无缺点的人，也未必讨人喜欢。

图 3-3　仰巴脚效应

小米十周年的时候，雷军进行了一场 3 小时的演讲，回顾小米过去的 10 年。在演讲的开篇，雷军就自嘲自己的团队是一群完全不懂手机的人想做最好的手机。他说：

10 年前，我和一群小伙伴一起创办了小米。那个时候的手机市场主要由国际巨头把持，有诺基亚、摩托罗拉、三星……国内也有中华酷联以及铺天盖地的山寨厂商。当年的手机市场大概就是这个样子。当时我给自己定了一个目标：做全球最好的手机，只卖一半的价钱，让每个人都能买得起。但是各位想一想，一个从来没有做过手机的创业者，一个在中关村从零开始的小公司，要做全球最好的手机，听上去就不靠谱。

然而，在听众的笑声还没有结束的时候，雷军又继续说道：

那么，如何能够实现这个看上去、听上去都不靠谱的目标呢？

这不仅将听众的注意力吸引到接下来的内容上，同时也借助开篇的自嘲避免将这段创业之初的回顾导向炫耀。

### 第二，在讲故事的时候适当地调侃他人。

俞敏洪有一次在演讲时曾经调侃自己与马云的经历，他说："马云常常说他和我有很多相似之处，我们都是学英语的，我们高考都考了三年，只是第三年我考上了北大的本科，他考上了杭州师范学院的专科……毕业后我们都当上了大学老师，都开了培训班，但是马云做培训班没有被处分，我做培训班被处分了……"

不过要注意的是，使用调侃的时候需要适度，要尊重被调侃人的感受。否则，调侃就会变成讽刺挖苦。在演讲中使用调侃的目的是让故事变得有趣，而不是让故事变得具有攻击性。另外，在调侃的同时，还要注意故事的走向，要将它引回主题。

### 第三，一语双关。

"小天鹅"是一家著名的家电品牌，其品牌名称就是一语双关。这个名字可以被解读为一种小巧、灵活、优美的天鹅形象，也可以被解读为追求高品质、纯净、清洁的含义，并寓意小天鹅追求产品高品质的理念。其广告语更是体现了一语双关的巧妙设计："小天鹅，不仅仅是洗衣机！"这个口号不仅强调了小天鹅品牌具有多种产品，还传达出小天鹅家电产品追求品质、科技领先、人性化和多元化的价值观。小天鹅以小巧灵活的名字和广告语，给人带来一种轻盈、优美、高档次的品牌形象，同时标志着品牌具有质量、不凡和亲和力的特点，使得消费者对这个品牌充满了好感和接受度，为品牌构建了独特的定位和优势，成为家电市场上备受欢迎的品牌。

这个案例展示了"一语双关"在品牌营销中的应用，创造了一个丰富、有趣、易记的品牌形象，通过产品形象和品牌口号给消费者带来新鲜感和惊喜感，从而打造出一个深入人心、广受欢迎的品牌形象。

这种演讲中的一语双关不仅能将听众的注意力从演讲者的动作转移到演讲主题中，也幽默地化解了演讲中的小插曲。

双关是一种修辞，它可以是语义的双关，也可以是语音的双关。例如联想集团使用的广告语："人类没有联想，世界将会怎样？"不仅将产品和人们已有的思维概念联系起来，而且让人们对品牌的理念有了更深层次的认同。一语双关将语言的精准性和幽默的跳脱性结合在一起，既在意料之外，又在情理之中。运用双关，需要我们能够识别语言的多层含义。

### 第四，换一种风格或角度讲故事。

故事的娱乐感是可以提前构建的，即便只是一个平淡的故事，使用不同的语言表达，也会变得完全不同。比如一对男女的相遇，在爱情故事中可以是难忘的记忆，在悬疑故事中可能是阴谋的开端，在神话故事中可能是奇迹的转折……法国作家雷蒙·格诺在《风格练习》中，尝试用99种风格来写一个故事。我们在构思故事文稿的时候也可以用不同的风格表达，让故事变得愉悦轻松，从而达到我们想要的效果。

### 第五，日常积累故事素材，幽默可以随时练习。

我的工作就是演讲。我有早起晨练的习惯，身为演讲教练，我会从日常生活中留心好的故事，并刻意练习。读过的书、看过的新闻、听过的分享，只要是能够打动我的故事，我都会记录下来，在晨练时拿出来朗读、试讲，并反复调整表达方式，最终找到自己讲这些故事最好的表达方式。我说过一句话："我是被故事喂养大的，我是被故事成就的。"

很多学员也受我感染培养起了早起晨练的习惯，练习自己看见、读到或听到的故事，从而形成自己的故事库。

有趣又有料的故事离不开日常的积累，每天收集小笑话，平时阅读各种领域的书。故事中的趣味需要提前设计，也需要临场发挥。那些在临场时依旧能够从容淡定的人，往往都在我们看不到的地方默默努力。无论是自嘲时的自信，还是调侃时的适度，还有运用双关时的巧思，都离不开日常积累和知识储备。

心理学家塞利格曼认为，幽默是一种积极的人格特质，可以通过练习来获得。具体练习的方法包括：每天做一件让身边人笑起来的事情，例如做鬼脸或搞笑的表情；无论经历什么样的事情，都尝试寻找其中令人轻松开心的部分；每天听一首轻松的曲子或看一段有趣的视频。

演讲者所讲的故事

要有情感高潮，

让人们记住它，分享它。

# 共情力：让听众跟你思想共振的 4 个技巧

**超级故事的第四个设计原则是：共情力。**

真正好的演讲要有思想的共振、情绪的感染。对于演讲者而言，只有以饱满的热忱与激情调动听众的情绪，将他们带进演讲的故事场景中，才能让听众感知你的心跳，感受你的喜怒哀乐。

超级故事的演讲者需要具有共情力，也就是说，演讲者在演讲过程中不仅要自己享受其中，还要运用各种方式让听众体会到演讲者所要传递的思想和价值观。演讲氛围最活跃的时刻正是演讲者与听众之间思想碰撞最激烈的时刻，也是听众与演讲者之间达成共鸣的时刻。

那么，演讲者怎样才能使故事具有共情力呢？可以使用以下 4 个小技巧，来获得听众的共鸣。

**技巧一，与听众同频共振。**

虽然一场演讲中的听众背景各有不同，比如年龄不同、性别不同、身份不同，但在同一个演讲主题的号召下聚集到一起的听众，往往总会有一些共同之处。只要演讲者能抓住共同点，就可以通过语言或行动让自己与听众同频共振，借助与听众共同的经历、爱好、体验、观点，穿与听众同样款式的服装、使用听众的语言习惯等，都能成为与听众产生共鸣的媒介。

董宇辉就是一个特别会讲故事的人，也很懂得如何让屏幕前的听众产生思想和情感的共振。

在 2024 年 3 月 12 日，在访谈诺奖专家古尔纳时，董宇辉就从"回不去的家乡，到不了的远方"的切入角度来进行问答。他问的第一个问题是："离开家乡多年，现在回想故乡的生活和经历，首先映入脑海的是什么？"

古尔纳回答："离港口很近的那个小镇，我有几个姐妹至今居住在那里。"

这时，董宇辉考虑到很多观众朋友是没有去过国外的，也比较难以代入，因此他分享了自己的出身，说自己出生在中国西部乡村，尽管现在在大城市工作、生活，但家乡对一个人说话的方式、交友的习惯乃至人生道路的选择都有影响。

他通过找到自己与被访谈人的共性——都背井离乡地在外工作，来唤起中国读者对这位非裔移民作家的共鸣。

**技巧二，建立信任关系，抓住听众的心。**

通常情况下，在一场演讲中，演讲者对于听众而言，往往都是第一次见面的陌生人。面对陌生人的言论，人们并不会马上就完全接纳。这时，演讲者要想让听众接受自己的观点，就必须首先获得听众的信任，打消听众的疑虑，从而让听众放下戒备心理。

与听众建立信任关系的方法有很多，比如和听众进行眼神交流，让他们通过眼睛这个心灵的窗户感受自己的善意；取悦听众，让听众开怀大笑，从而在笑声中放下戒备；讲述可能让听众深有同感的故事。

主持人白岩松在哈尔滨工业大学曾做过一场与读书有关的演讲。演讲一开始，白岩松就自答了一个问题："经常有人问我，对我影响最大的一本书是什么，对我影响最大的一个人是谁？对我影响最大的一本书是《新华字典》，对我影响最大的一个人是我妈，因为没有《新华字典》，我就不可能认识那么多字，读那么多书；没有我妈，就没有我。"

这个问题其实很常见，很多人都会被问及，但是白岩松的答案既在意料之外又在情理之中，同时又是在场的大学生都曾接触到的，因此很快就和大学生拉近了距离，得到了大学生的信任、认可，从而产生了共鸣。

**技巧三，抛出话题，引发讨论。**

正所谓"一千个读者心目中有一千个哈姆雷特"，其原因就在于当面对同一个事物时，人们往往有自己的思考与判断。在演讲过程中，演讲者可以抛出一个话题，调动听众的思维能动性，引发讨论。

卡耐基在《语言的突破》里指出，问问题和获取答案是他最喜爱的让听众参与演讲的方法。可以说，**演讲者是一面鼓，听众是鼓槌，听众越热情，"鼓"才会越响**。热情不仅可以提升听众的积极性、参与感、认可程度，还可以激发演讲者的热情，把演讲推向高潮。演讲的成功秘诀就是听众，所以在演讲中，可以尝试把一个观点变成一系列与之相关的问题，不断地向听众发问，并且鼓励听众回答。

**技巧四，耐心倾听，适当停顿。**
**演讲者要学会问问题，却不给答案。**

如果演讲者为了与听众互动抛出一个开放性话题，一旦有听众起身发言，演讲者就要认真倾听，而且不要轻易打断发言者。如果发言者非常紧张，语言表达不顺畅，演讲者也不要以救助心理打断对方的发言，否则发言者会顺势中断发言，从而削弱会场的互动氛围。面对这种情况，演讲者应该给发言者一些积极的反馈，比如点头、微笑，表示自己对他的发言非常感兴趣，以鼓励发言者完整地表达自己的想法。

适当的停顿可以给听众留出思考的时间，有助于启发和引导听众。

　　面对初步建立信任关系的听众，高明的演讲者不会单刀直入，而是会采取迂回策略，灵活巧妙地引出自己的观点，避免冲突，让听众心悦诚服。在演讲过程中，即使演讲者的观点尚未获得认可，也不要着急。为了说服听众，演讲者可以采取先退后进的策略，先肯定听众的观点，获取听众的信任，再找准机会，通过摆事实、讲道理的方式来阐述自己的观点，说服听众。但无论采取哪种方法，演讲者都不能强迫听众接受自己的观点，而是要因势利导，先引发与听众的情感共鸣，再引导听众接受自己的观点。

当你分享一个故事时，

不仅要讲述一个情节，

而且要与听众的灵魂产

生联系，

借此在感性和理性两个方

面与听众产生共鸣。

# 联结感：通过故事实现无形的成交

超级故事的第五个设计原则：联结感。利用联结感，演讲者可以通过故事实现无形的成交。

演讲要讲故事，创业要讲故事，销售要讲故事，营销要讲故事，带团队要讲故事，在新媒体时代，讲故事是每个人必须掌握的技能之一。

好的演讲不仅能打动听众，还能促使听众行动，也就是我们说的"有效"。演讲如果无效，就等于废话和空谈。有效指向听众的心动和行动，心动的听众会转变自己的认知，行动的听众会调整自己的行为，进一步制订改进计划或做出决定，而这都属于演讲后的"成交"。

演讲者可以通过一场有效的演讲赢得听众的信任和认可，一个超级故事就能够让这种信任和认可在无形中自然而然地发生。

只有演讲者与听者之间达成共鸣，语言才会产生神奇的力量。这就意味着演讲者要将自己的思想灌输进听众的大脑中，就要使用听众能理解的工具，将自己的思维转换成听众或用户思维，站在他人的角度，借助故事的联结，找到听众或用户的痛点和痒点，然后展现你的卖点，如图3-4所示。

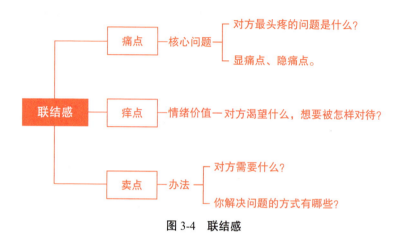

图 3-4　联结感

**首先，从深挖听众痛点开始。**

很多人即使在演讲中卖力地讲、拼命地讨好听众，听众也不买账，这主要是因为他们所讲的内容与对方的需求有着很大的偏差。如果听众的痛点问题得不到解决，演讲者的演讲目标就很难达成。

所谓痛点，就是人们极度不舒适、想逃离、再也不想忍受的部分。痛点可以分为显痛点和隐痛点，显痛点的需求比较明显，可以立即联系到卖点，而隐痛点则需要我们用心去体验、去洞察、去与听众感同身受。

"怕上火"是加多宝在营销王老吉饮料时和广告公司钻研出来的消费者痛点。试问，你知道什么是上火吗？吃个火锅就一定上火吗？加个班、熬个夜就一定上火吗？加多宝实际上并未给出一个明确的答案，因为这些事与上火之间本来就没有必然的关联和科学依据。但是我们相信它们是有关联的，因为电视上循环播放广告，家人、朋友也都这样说，说得多了，我们就会有这样的认识和担忧，而这正中产品营销者的下怀。

那么怎样找到听众的痛点呢？寻找痛点的方式主要有两种：

第一，对自己的演讲主题和核心——产品和服务有充分的了解，同时，对竞争对手的产品或服务也有充分的了解。只有这样，就可以进行差异化定位，找到自己的演讲主题的独特性。

第二，是对听众的心理有充分的解读，只有充分满足听众的真实需求，成交就能达成。北京奇虎科技有限公司（奇虎360）是互联网和安全服务提供商，他们在调研中发现，很多使用电脑的人并不懂电脑，他们的电脑常常被病毒和流氓软件侵害。正是因为看到了电脑用户这个痛点，奇虎360开发了电脑安全卫士，在短时间内就成为互联网行业的翘楚。

**其次，紧紧抓住听众的痒点。**

**痒点是对方渴望、极致追求、想要得到的好处。**概括来说，痒点就是追求快乐——学习成长的快乐，获得成就感的快乐，体验到愉悦的快乐，需求被满足的快乐，等等。

能够带来的好处越多，听众或客户的欲望就越容易被激发。演讲能给听众提供的好处体现得越多，听众作为客户，成交的力度就会越大。

例如，百岁山凭借"水中贵族"的定位让旗下的矿泉水在众多矿泉水品牌中脱颖而出。2013年的时候，百岁山在一系列广告中出现的形象都是典雅高贵的公主，将"水中贵族"的理念传递到消费者的心中，同时改进瓶身的设计，看起来更加晶莹剔透、更加高端。矿泉水是人们的必需品，但是百岁山在满足人们痛点的同时，迎合了人们内心的痒点，满足了人们自己都没有察觉到的虚荣心。

可见，每一个成交行为不仅都有对"产品本身"的认同，还有对"产品附加的情绪价值"的渴望。如果一直强调服务本身，就需要证明我们会超过其他同类服务，才能够促成成交，如果我们强调情绪价值——痒点，我们就很快可以抓住对方的心，从而促成成交。

**第三，创设独一无二的卖点。**

**卖点就是那个选择你的理由，是让对方心甘情愿买单的实际好处**，比如：科技、包装、文化、历史、功能，等等。格力电器的卖点离不开它的董事长董明珠。董明珠用"只要是格力人，一人一套房"树立了兼具坚韧霸气和质朴直白特质的个人形象，在她成为格力电器代言人的时候，也同时将这个特质加诸格力的产品上。"好空调格力造"和"让世界爱上中国造"更是提升了客户群体的信任，为格力电器创设出了独特的卖点。

当人们的痛点被触及，痒点被激发，在行动时，往往还会货比三家，这就需要我们能够提供自身的卖点，体现出自己的产品是独一无二的。通常来说，在服务效果完全相同的前提下，你的产品拥有最新的技术和优秀的核心理念就是独一无二的卖点。想让成交行为发生，就要证明你的产品是最能解决他的问题的，而其他产品都做不到。

因此，请不要说"我是提供法律服务的"，而要说"我是专门帮助各位企业家运用法律武器，在新商业文明时代把企业做大做强的"；不要说："我是卖灯泡的"，而要说"我会让你的企业成为充满光明和温暖，充满爱与质的空间"。

人们的痛点和痒点往往相辅相成、密不可分。痛点可能是需求的起源，而痒点是吸引人关注的重要环节。最后，你要问问自己：我的卖点能满足他的需求吗？这就要求演讲者有联结思维的想法，只有这样，才能将三点贯穿在一起，只有准确抓住对方痛点，直击彼此需求，才会使得沟通变得更为顺畅与有效。

# 真实感：没有什么比真实更打动人心

超级故事的第六个设计原则：**真实感**。

360 集团创始人周鸿祎在 2024 年年初进行了一场直播，主题是《你也可以拥有好口才——如何演讲》，周鸿祎强调，演讲要**讲真话、讲实话、说人话**，因为真心话是最能打动人心的，胜过任何经过包装的话术。

**首先，卸下伪装，承认自己是不完美的，回归真实。**

每一个演讲者都想将自己最完美的一面展现给听众，但事实上，没有哪个演讲者在演讲后会认为自己是完美发挥的，总会有这样那样的表现被归为不完美。心理学的研究也证实，人们虽然追求完美，但是并不会真的喜欢一个完美的人，因为不完美才是这个世界的真相。

想象一下，当有一天你站到舞台上，因为紧张而声音颤抖，你诚实地向听众说明自己此时此刻的情况："如你们所见，我站在这里有些紧张，我很少做公开演讲，但这次演讲非常有必要。"也可以简单地说："不好意思，我有点紧张。"这时，往往能收获观众的包容和理解。如果你找各种理由掩饰，例如"我的声音就是如此，我并不紧张"之类的话，这样往往会被质疑、被拆穿。

我出生在一个小乡村，因为个子矮小，一直是个内向自卑的少年，从小我就有一种天生不如人的信念。在演讲培训的过程中，我经常讲起小时候的经历，和学员们分享自己从自卑走向自信的心路历程。有一次，一个学员在课后找到我，原本我以为她是想要和我合影，没想到她开口的时候声音颤抖，几乎哽咽。她说："很谢谢您，谢谢您的那句话——在这个世界上没有任何人可以否定你，除非经过你的同意，你真的让我找到了内在的力量；真的谢谢你分享曾经自卑的过去，我发现并不是我一个人走在黑暗的隧道。"在那一瞬间我感到自己20多年的坚持有了具象化的意义。

不要惧怕自己不完美的那一面。很多成功人士都是以自己不完美的一面化作前进的动力。卸下伪装，我们才会面对与别人的差距和真实的自我，才能树立正确的发展目标。

**其次，发现生命真我，绽放真实的自己。**

**你无法给出你没有的东西，你只管分享你曾经的经历，经验的分享没有好坏对错之分，重要的是你有多么的真诚和投入。**

只有肯定自己，相信自己，找到自我价值感，在面对高手林立的竞争对手时，你才能泰然自若，才会吸引更多的人来了解你、喜欢你、信任你、追随你。演讲的真相是发现生命真我，而讲述超级故事的本质就是表达自己。

在听演讲的过程中，影响听众的不是只有文字等信息，还有你传递出的真诚和能量——你的人生阅历这些只有你亲身经历后才知道的人生感悟和经验。当你站在舞台上时，你的每一句话都注入了最真诚的情感，每一个肢体动作都随着演讲内容自由地挥洒，那么带给听众的无疑是充满能量的演讲盛宴。所以，做好你自己，表达你自己。最打动人心的就是关于你自己最具真情实感的故事。

迈克尔·杰克逊生前在牛津大学做过一次演讲，他讲述了一个小男孩的故事。

大概 12 年前，我正好在准备一次巡演，一个小男孩和他的父母来加州看我。当时癌症正在威胁着这个小男孩的生命，他的父母告诉我他生命将尽，说不定哪一天就会离开。男孩告诉我他非常爱我和我的音乐，我对他说："你瞧，3 个月之后我就要到堪萨斯州——你住的那个城市开演唱会，我希望你来看我的演出，我还要送给你一件我在一部录影带里穿过的夹克。"

男孩眼睛一亮，说："你要把它送给我？"

我说："当然，不过你必须答应我穿着它来看我的演出。"

我只想让他尽力坚持住，就对他说："我希望在我的演唱会上看见你穿着这件夹克，戴着这只手套。"于是，我又送了他一只镶着莱茵石的手套。不过，当我到这个男孩所在的城市时，他已经永远地离开了，家人埋葬男孩时给他穿上了那件夹克，戴上了那只手套。这个男孩只有 10 岁。我知道，他曾经多么努力地坚持过。在离开时，他知道自己是被深爱着的，父母还有几乎是个陌生人的我。拥有了这些爱，他知道自己不是孤独地来到这个世界，同样也不是孤独地离开的。

　　这段关于"爱"的演讲故事，正是因为迈克尔·杰克逊充满真情实感的讲述，才让在场的听众动容。

　　每个人都是自己命运的塑造者。人一切能量的释放都源自内心。只要你信念坚定，你就能够充满自信地站在舞台上，面对众人从容不迫，以最好的心态来展示最真实的自己。

你无法给出自己没有的
东西，
你只管分享自己经历的。
因为，
真诚，永远是好故事的必
杀技。

第四章

5大超级故事模型，让你在任何场合都无往不胜要让故事具有代入感，最直接的方式就是讲述有关"我与你的故事"。

# 情感故事：迅速拉近你和听众的心理距离

很多人在准备故事的时候，会陷入追求宏大叙事的误区，以为只有那些轰轰烈烈的故事才能吸引听众的注意力。其实，真正打动人的故事并不一定要是曲折离奇的，而是那些具有代入感的故事。请看下面两个故事。

当一个观众在听演讲的时候，突然被主持人叫到台上，他没有任何准备，站在偌大的舞台上，感到特别紧张，头皮发麻，恨不得找个地缝钻进去……

有一天，你去听一场演讲，却突然被主持人叫到台上，你没有任何准备，你站在偌大的舞台上，看着台下的人，两腿发抖，头皮发麻，这时你恨不得钻到地洞里面去……

这两个故事的内容基本是相同的，但是因为主人公不同，听起来的想象空间和代入感是不同的。一个有代入感的故事会让听众很快共情故事中的主角，情绪和感受会跟随演讲者的讲述而起伏。

要让故事具有代入感，最直接的方式就是在讲故事时使用第一人称或第二人称——即讲述有关"我与你的故事"。

当要讲述自己的故事时，可能你心里在想：我的经历都很平凡，我没有遇到过什么精彩的人和事，不知道讲什么，也不好意思去讲。然而，**故事有好坏之分，但没有贵贱的差异**，只要这个故事表达的是我们生命中的真实体验，是对我们有触动的经历，是我们非常想分享的内心感受，那么它就是能够打动人的、精彩的故事。

所以，故事不一定要惊天动地，平凡也动人。

我们无法给出自己没有的东西，在分享一段故事的时候，最重要的是表达者的真诚与情感投入。我们虽然有缺点，但我们是自己生命真正的主人，也要看到自己的长处。作为分享者，在整理故事的时候，务必注意对细节的刻画，因为细节有助于丰富听众的想象空间，也能够快速帮助听众将自己代入故事中。在这里，我分享两个本人的亲身经历，并以此作为参考案例。

## 情感故事，细节制胜

在 20 年前，我遇到一位非常漂亮的女孩，她的眼睛大大的，牙齿白白的，留着一头披肩的长发。她在一家理发店工作。有一次，我去那家店里染发，她问我："余先生啊，你为什么经常来染发呀？"我说："我其实很年轻，可是头发已经白了，头发一白多不好看。"她听后笑着对我说："余先生，我看过一本书，书里面说，一个男人的一根白发就是一个故事，有故事的男人最有魅力。"我笑说"我可是有这么多的白头发呀。"结果她说："那你是一个很有故事的男人呐！"那一瞬间，我的内心感到非常温暖。最后，我竟然没有染发就离开了。

第二天我想送一本书谢谢这个小姑娘，却被告知她已经被老板辞退了。那时我的心里非常难过。这个女孩的名字叫作"安妮"。20年来，我的手机号码一直没有变过，我只希望还能再次见到你，你还好吗？安妮。

这个故事中的人物只有我和女孩安妮，故事的场景是最生活化的空间之一——理发店，故事的主题既有普通人不经意之间的温暖，也有这种不经意造成的遗憾。这个故事亲切又熟悉，平凡又感人，能够引发听众的共情。

### 自曝糗事，迅速建立信任感

前文讲到的红心地瓜的故事我常常讲给学员。故事中我使用了几处细节帮助听众更好地进入故事情境，例如"可乐罐的外壁上面挂着的水珠""树叶被风吹到了我的头上"这些视觉和触觉的感受都在唤醒听众的情绪。让听众不仅与我共情，还会回想起曾经不成熟的挫败的自己。

根据我多年的经验，在演讲中提及自己曾经发生的糗事，可以带来以下好处：

1. 建立共鸣：人无完人，谁都有不愉快的经历。把这类经历变成故事讲出来，可以让听众感受到面前讲台上神采奕奕的演讲者如此真实，听众很可能也经历过类似的糗事，因此在听众感同身受时，你已经"溜"进了对方的脑袋里。

2. 减轻紧张：演讲者在台上往往处于较为紧张的状态，提及自己的糗事可以缓解演讲者的紧张情绪，增加互动和娱乐性。

3. 改善氛围：提及自己的糗事可以带来更轻松和欢乐的氛围。听众往往更愿意听演讲者分享轻松、幽默的故事，而不是只有技巧讲解或专业知识。

4. 吸引注意力：讲述自己的糗事通常是比较新鲜和有趣的话题。这种话题能够吸引听众的注意力，达到引起听众兴趣的效果。

5. 增强信任：能够消除听众对演讲者的陌生感，从而建立信任关系。

从认知心理学的角度来看，演讲中讲述情感故事具有消解偏见的功用，情感故事不同于纯粹的讲解或阐述，更容易带给听众低估或高估某种信息的直觉，从而消解偏见和负面预设。此外，情感故事更容易在大脑中留下深刻的印象和记忆，因为情感故事激活的是大脑中负责情感记忆的部位，使得演讲的内容更加生动。而且，情感故事能够在听众的潜

意识中产生效果，引导听众产生更多对演讲主题的理解和
思考。

 **情感故事 tips：**

1. 结构完整：必须有清晰的故事结构，包括引言、情节、高潮和结论。

2. 生动具体：故事要尽可能具体和生动，让听众产生明确的情感体验。

3. 言简意赅：避免信息过载等情况。

4. 合适情境：情感故事不应该脱离语境，应该与演讲的主题和目标相适应。

5. 自然流畅：讲述需要自然流畅，要让故事展现出情感导向，而不是刻意制造情感效果。

6. 多样性：采用多样性的情感元素，如喜怒哀乐，防止故事表达出现单调性和枯燥感。

7. 真实性：必须真实可信。

8. 内涵深刻：不仅要有事实情节和真实情感，而且要有深层次的内涵，可以带给听众某种道德价值、思想启示和人性化体验。

情感故事是最佳的亲和力催化剂。

# 常情故事：让你的演讲充满感染力

"常情故事"又可以叫"人性故事"，是指那些描述日常生活、人生经历或深入人类内心体验的故事。这些故事通常强调人类情感，探索生命的意义、内在的价值和道德。它们被认为是最具感染力和影响力的故事类型之一，因为它们涵盖了人类的共同经验和共鸣点，能够深入人心，提升听众的认知与思考。

人非草木，孰能无情？父母对孩子的舐犊情深，普通人在危难之中的抉择与坚持，军人对国家的忠诚与坚贞，这些故事往往最能牵动听众情感。

心理学家曾经提出过一个概念，叫作"共情"，是指一个人能够体会别人的感受，理解他人的情绪和想法。神经心理学的研究发现，在我们的大脑中存在一组特殊的神经元，当我们看到他人做出某种特定的行为时，这组神经元就会被激活，让我们产生和对方相同的感受，因此，共情是我们每个人都具有的一种能力，一种共同特质。

当看到一群在开心玩耍的小孩子时，我们也会不自觉地嘴角上扬，心情愉悦；当看到有人流血、受伤时，尽管我们与伤者并不认识，也会感到恐惧、难受甚至身体发抖。同理，当我们听到情感丰富的故事时，我们的情绪也会被激发。作为一名演讲者，想获得更好的演讲效果，就要与听众建立有温度的沟通，从而让听众最大限度地接受其输出的内容，而不是刻意改变听众的行为或演讲目标。

在去年高考毕业的晚会上，有一群街舞表演者特别引人注目，其中有一名16岁戴眼镜的男孩充满青春活力，精湛的表演和高难度的动作吸引了所有人的眼光。然而，意外突然发生，原来这位男孩高度近视，激烈活动导致视网膜脱落了……这是多么令人遗憾的消息，这个男孩的世界将永远不再出现光明。如果这位男孩的家人能够早日发现并且重视孩子的眼睛健康，如果这个男孩的眼睛能够在近视200度的时候得到控制，不会发展到600~1000度，那该多好呀！

这段故事是在我创办的《总裁演讲密训班》中，一位从事眼科行业的董事长，经过反复的自我确认训练，在一对一指导的过程中回忆梳理出来的故事。他用这个故事作为开场，进行了密训班最后一天的演讲比赛，并获得了第一名。这个故事激发了我们刻在身体里的情感，不论我们是否为人父母，都有着"幼吾幼以及人之幼"的情怀，因此会为故事中的男孩感到惋惜，也会认同"维护和提升青少年视力"的事业。

人之常情是我们的感受，而那些与人之常情有关的故事，就是适用于各种场合的超级故事。

前些天，我的一个好朋友回了老家。他在老家打电话给我，对我说父母都不在了，望着儿时熟悉的那些木门，不由得想起了儿时爸爸坐在木门前，抱着他，用胡子扎他的场景，可是今天，这一切都不复存在了。说到这里，这位在事业上非常成功的硬汉在电话里面号啕大哭……

我特别能够理解他的这种心情。我记得几年前，有一档关于唱歌的电视节目，当时钢琴王子李泉因为父亲去世，情绪失控而中途离场，齐秦的姐姐齐豫在节目中哽咽着说了一段话，当时对我触动特别大："我很理解失去父亲的感觉，我父亲走的时候，我脑海中只有一种想法，我好像失去了见证我童年的人，好像我的过去突然就没有了……"

要论述"换位思考"的重要性，说再多的道理也不如讲好一个站在他人立场考虑的故事。在教授学员时，如果想要对方提升换位思考的能力，我就会用到这个故事。

有一位消防员，他的本职工作是救火，但他也很擅长营救那些想要跳楼的人，能够做到百分之百的成功。通常，人们为了劝解救下那些想要跳楼的人，会说："千万不要跳啊，想想你的家人，你不能这么不负责任呐！"可是这样的劝解往往很少发挥作用。在人群中，还会有一些刺耳的声音："跳啊，你怎么还不跳？！"已经站上高楼的人，行动被围观的人看在眼里，甚至用手机拍了下来，他即便想要下来，也会犹豫，因为就这样下来了会丢了面子。有的人最看重的不是金钱，也不是生命，而是自己的面子。

这位消防员每次去救人的时候，都会多带一套头盔。然后站在要跳楼的人身边对他说："我多带了一套头盔，你下来吧，戴上头盔，牵着我的手一起走，没有人会认出你。"接着他把头盔递过去，那个人把头盔一戴，很自然地就被救了下来。这位消防员正是抓住了跳楼者最深层次的需求，所以他每一次救人都能成功。

语言是静态的，说话者需要找到对方深层次的需求并进行回应，才会收到效果。你有没有遇到过他人不愿听自己说话的情境？其实并不是他们不想听，而是他们没有听到自己想听的内容。

◇ **常情故事的讲述 tips：**

1.真实性：常情故事可以是自己亲历的，也可以是从新闻中看到的，切忌道听途说。

2.基调自然：应该让听众感到自然流畅，避免过度夸张和煽情。

3. 选择恰当的故事：常情故事应适合演讲的主题和目标，具有相关性和意义。

4. 显示人物：常情故事中的人物应该充满生命力，具有个性，这有助于增强听众的情感感受。

5. 强化效果：常情故事要有一个清晰的结尾，以便给听众留下深刻的印象。

# 名人故事：选用名人不出名的故事

演讲时，别人的故事或你看过的书里的故事也可以成为你的演讲素材。

"古来方志半人物。"历史离不开人物，更离不开人物的故事。在悠久的历史中，我们通过各种人物传记了解人类思想的发展和社会的变迁，收获经验和成长。这些人物传记内容丰富，生动有趣，容易形成记忆点，也容易传播。而且那些著名人物本身的经历和成就已经足够引起听众的情感共鸣，关于他们的趣事不仅可以吸引听众关注，还能够提高听众对故事主题的认同感。

**名人轶事属于适用于各种场合的超级故事，不过，需要尽量避免使用已经家喻户晓的故事。**一方面这些故事本身听众已经非常熟悉，故事中的人物，剧情的发展、转折和结局都在听众的意料之中，反而会导致听众对此兴趣不大。另一方面，这些故事所传递的道理和信念，听众也早已知晓，再次听到演讲者的讲述，会令听众认为演讲者在说教，影响演讲效果。因此，需要尽量使用听众没有听过的名人轶事。如此听众才有听下去的兴趣，并借助名人自身的影响力和信用力提升演讲的效果。

台湾著名作家、散文家、诗人、学者林清玄被誉为"宝岛才子"。他到河北金融学院演讲时，很多学生满怀期待地提前赶到现场，想要一睹他的风采。然而，当林清玄出现后，学生们却发现，林清玄身材矮小、头发稀疏，与自己想象中玉树临风的才子形象完全不沾边，听众席里甚至有人惊呼："林清玄怎么长这样啊！"

林清玄听到之后并没有面露不悦，而是微笑着站到了讲台后。因为台上放置的是多媒体台式讲桌，身材本就矮小的他坐下后被桌子挡住大半。这时候，林清玄站起来调侃自己说："这桌子有点高喔！"此话一出，听众们哄堂大笑。为了与听众进行近距离的交流，他灵机一动，说："为了让大家近距离看清我'英俊帅气'的容貌，我就站到讲台下，接受同学们雪亮目光的'洗礼'吧！"

紧接着，林清玄径直来到讲台下面，对听众说道："刚才我听到一位女生说'林清玄怎么长这样啊！'对了，我就是长这副模样，如假包换。我要告诉你们，如果一个人从 17 岁就开始从事文学创作，到现在已经写了将近 40 年，那他长得便是这副模样。"

演讲者要在演讲过程中营造良好的氛围，从而拉近自身与听众之间的距离。在这方面最快捷、有效的方式是让听众产生优越感，自嘲则能够帮助演讲者达到这个目的。

林清玄这种自嘲式的开头不仅让听众看到了一个幽默、风趣、平易近人的演讲者形象，同时还巧妙地引出了自己的写作经历，并在随后的演讲中向听众介绍了自己在文学领域上取得的成就，令听众肃然起敬，并为他的话语技巧所展现出来的聪明才智与个人魅力所折服。

 **名人故事讲述 tips：**

1.绝对真实：必须真实可信，避免虚构和夸张，最好能被听众查阅到。

2.探讨主题：根据演讲的主题和目标来选择合适的名人故事。

3.选取适当：在用名人故事时，需考虑自身文化和价值观背景，尽可能选取符合听众喜好的故事。

4.保证普适性：名人故事不应过于高深，而是应该尽可能通俗易懂，让听众易于理解和接受。

5.风格吻合：讲述名人故事需要与演讲者的个性和风格吻合。

6.充分表达：选择适当的语速和音量，配以合适表情和身体语言，让听众更加能够沉浸其中。

尽量使用听众没有听过的名人故事，听众才有兴趣继续听下去。

# 悬念故事：吊足听众胃口的 4 个方法

在讲悬念故事的时候，重要的是让听众有"然后呢然后呢"的意犹未尽感。因此一定要抓住四个核心，如图 4-1 所示。

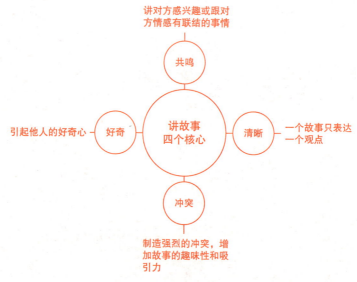

图 4-1 讲故事四个核心

　　**第一个核心：共鸣**。你要讲对方感兴趣或跟对方情感有联结的事情，因为故事是讲给听众的，并不是只为了让自己一吐为快。

　　**第二个核心：清晰**。一个故事只用来表达一个观点。讲故事的最终目标是借故事打动人，获得他人的认同。

　　**第三个核心：冲突**。在故事中，要制造出强烈的冲突，增加故事的趣味性和吸引力。不论是故事中出现的利益冲突、情绪冲突，还是价值观上的冲突，都有助于我们和听众建立更深层次的联结。

　　**第四个核心：好奇**。我们的故事要能够引起他人的好奇心，要讲你知道而别人不知道的故事，或者在故事中营造出"十万个为什么"的效果，从而让听众在听的过程中，一直保持兴趣，甚至不断追问：后来呢？然后呢？

　　想要吸引听众对故事产生好奇心，最直接的方式就是制造悬念。无论是与人交谈还是演讲时，如果发声者抛出一个悬而未解的问题，就会引发听众强烈的好奇心，甚至会一直被听众追问："这件事情是怎样发生的？""后来发展如何？"无数事实证明，越神秘的事物对人们的诱惑力越大，越能激发人们的探索欲望。所以，在演讲的过程中，为了激发听众的好奇心、探索欲，演讲者要改变按部就班的演讲方式，要先将一些信息隐藏起来，制造悬念。当然，隐藏的信息必须是重要信息，至少要与听众有关，否则就会让听众产生哗众取宠、故弄玄虚的感觉。

周鸿祎最标志性的着装是一件红色的上衣。那么为什么他会这么喜欢穿红色的衣服呢？人们猜测说这是"红衣大炮"，彰显他犀利独到的见解，然而周鸿祎笑着回应说："这完全是谣传。"人们又说这是"红衣主教"，代表他有坚持的理念，周鸿祎还是笑着回应说："这更是胡扯。"人们继续解读，因为红色代表了吉祥，代表了喜庆，代表了中国传统，代表了他对国家的一片赤诚。听到这些解读，周鸿祎依旧笑着说："这真是承蒙抬举了。"其实，真正的原因很简单，因为周鸿祎的"祎"字是一个易混字，人们更熟悉"伟"，在很多公开场合，周鸿祎常常被叫作"周鸿伟"，要是去一一解释，会令气氛变得尴尬，有时候更是没有纠正的时机。于是，为了避免误读，周鸿祎干脆穿上红衣，提醒周围的人，自己的名字是"周鸿祎"，同时还能够强化大家对自己的记忆。

现在红衣不仅成了周鸿祎的标识，也成了他专有的自我介绍的方式。

这个故事在开篇就列出了一个疑问，吸引大家为了得到答案而集中注意力。与此同时，听众的心中对这个问题也有着自己的猜测。但是随着故事的发展，心中的猜测逐渐被否定，心中的答案一直没有被提到，那么听众就会更加好奇，想要验证自己的答案。于是自然而然地跟随演讲者的内容，不断地想知道"然后呢？然后呢？"

有人认为，面子比命还重要，也有人有着不同的看法。我讲一个我自己的故事，或许你就会明白面子到底重不重要。

我曾经是做销售的，有一次我去拜访一个做钢筋生意的老板。这个老板原本和我约好了，可是我过去之后，他又说没空了，当我跟他介绍订单信息时，他的情绪变得特别糟糕，甚至对我不耐烦起来，直接对着我大吼："你给我滚回去！"那一瞬间，我感到特别委屈，他凭什么这样骂我！但是，我没有愤怒地怼回去，当然也没有真的转身走掉。我对他说："先生，我不滚回去。"他更加生气，继续吼叫道："我叫你滚，你就滚！"我继续说："我不滚回去，我又不是轮胎，我要走回去。"

当时在现场的还有这位老板的妹妹，在听到我的回答后，她一下子笑了起来，打破了现场凝重尴尬的气氛。后来，我也成功签下了这个订单。由此可见，正因为我认为面子并没有很重要，所以才能够留下来，最终成功签单。

如果我们能够关注自己的内心，清楚地知道我们要的是什么，过了"面子"这一关，我们就能离成功更近一步。人活着，脸皮就得厚一点。出了丑或出了错，没什么大不了的，一笑而过就好，面子真的一文不值。只有当你对这个世界好意思的时候，你才会真正活得有意思。

 **悬念故事的讲述 tips：**

1. 引人入胜：悬念故事需要在开头就用有吸引力的方式引起听众的兴趣

2. 把握节奏：将悬念故事讲得像脱口秀一样，要懂得什么时间抖什么包袱，避免提前揭示答案或过早解决问题。

3. 强调细节：悬念故事的悬念点通常隐藏在故事的细节中，因此在讲述时强调故事细节并引导听众注意这些细节。

4. 加强视觉感受：可以通过描写环境、人物特征、音效等手段，让听众的感受更为真实，如身临其境。例如，来增强听众的感受和理解。

5. 结构合理：悬念故事需要有一个合理、完整的结构，包含引出问题、加强悬念、解决问题和总结结局等环节。

# 信念故事：你越认同的故事，越具有力量

"信念故事"，指的是演讲者自己特别坚信和认同的故事，可以是演讲者自己的亲身经历，也可以是其他人的成功或遭遇的故事。演讲者用这些故事来强调自己的信仰、哲学或价值观，展现自我实现的过程、价值和重要性，同时鼓舞和激励听众的积极性、自信和勇气。通过信念故事的讲述，演讲者可以在听众中产生情感共鸣，同时也为听众提供深入思考的空间，解开个人或团队成长中经历的困惑和问题，激发听众对于人生意义和生命价值的思考和认知。

信念故事具有激励性和引导性，因此在演讲中讲述信念故事，可以激发听众积极面对生命中的变数，找到自己的目标和价值，打造属于自己的成功人生。

"相信我没错"是一句让人倍有安全感的话。我们期待在遇到困惑的时候，有人成竹在胸地对我们说"相信我没错"，并带领我们解决问题；我们渴望在迷茫的时候，有人坚定地

说"相信我没错"，并指引我们一条清晰正确的道路。

演讲的过程也可以看作为听众拨开迷雾，指引方向的过程。因此，**演讲者一定要相信和认同自己讲的内容，只有这样的演讲才是掷地有声的。**如果演讲者自己都对所讲内容心存疑虑，在演讲的过程中也会表现出慌乱和无措，无法影响听众的认知和行为。

很多人并不相信自己具有影响力，总是在想，这个世界有没有我也没有什么不同。然而，这个世界真的会差你一个，正是你的存在让这个世界多了一份属于你的意义；正是因为你的存在，让这个世界里与你有了交集的人变得不同。

请自信一点，大声说出你相信的内容。在演讲和表达的过程中，充满智慧的言语、谦卑的行为、淡定从容的表情和语气都在诠释演讲者的自信，同时也能够帮你建立起与听众之间的信任。

演讲过程中那些演讲者坚信的故事，那些时刻传递出"相信我没错"的故事，同样也是适合各种场合的故事。因此，我们要选择自己认同的故事，避免自己都存在疑问的故事。

在这里分享一个能够与听众产生更深刻联结的故事。

既然所有的生命都要死亡，那么活着的意义到底是什么呢？

我记得小的时候，当家族里或村子里面有老人去世的时候，我们一群小孩子就会好奇地看着大人们忙碌，看着他们披麻戴孝，看着他们哭泣，看着他们用棺材把去世的老人送到山上去。那时候，我们还曾私下里讨论，那个老人还会不会回来。后来偶尔听到大人们交谈，我才明白，死去的人是不会回来的。但是，我还不明白到底什么是死去，还在困惑，既然死去的人不会再回来了，那么小孩为什么还要长大？

也许你会觉得死亡是一个很无聊的话题，当你看了奥斯卡短片《苍蝇一分钟的生命》，你对生命或许会有新的认识。这部短片讲述了一只苍蝇从出生到死亡的故事。它的一生只有一分钟，头上还有一个计时器，显示着生命的剩余时间。起初这只苍蝇并不知道自己的命运，直到遇到一只生命即将结束的老苍蝇，它才明白，它只有一分钟的寿命。老苍蝇给了它一张清单，上面列出了一只苍蝇一生中应该做的所有事情。这些事情有的简单，有的困难，有的甚至是不可能实现的。不过，小苍蝇没有时间思考就急忙开始了他的冒险之旅。他叮咬了一只浣熊，参加了一个派对，完成了一次跳伞，解救了一只昆虫，甚至结婚生子。它为了完成清单一直在忙碌，忽略了自己的内心，当它的时间快要用完时，它发现清单上还有两件事情没有做——看星星和成为明星。它觉得这两件事都是不可能的，因为现在是白天，它根本不可能活到晚上，而且作为一只苍蝇，怎么可能成名呢？它感到绝望，甚至觉得自己这一生就是一场悲剧，根本没有意义，也没有价值。

就在这时，一滴油滴在了苍蝇的身上，它的生命从此定格。夜幕降临，它终于可以看到星星了，但是它已经没有感觉，也没有了呼吸。若干年之后，包裹苍蝇的油滴成了琥珀标本，被人们发现，被登报被展出，它终于成了名。但是这又有什么意义呢？它已经不存在，也不会知道这一切。小苍蝇的一生就像一场梦，一场空，一个笑话，你可能会觉得这只小苍蝇可怜又可笑。但是你有没有想过人类的一生又有什么不同呢？

我们也有自己的清单和计时器，也有自己的期望和压力，我们也在为了完成"清单"上的任务不断奔波忙碌；为了满足别人的要求牺牲自己的快乐；为了功名利禄忘记了自己的初心；为了一些不可能的事情感到焦虑绝望，忽略了身边美好的事物；为了死后的名声努力，却不在乎活着时的感受。我们只是在等待死亡的到来，而不知道如何珍惜生命的每一分每一秒。我们也在浪费着我们的一生，却不知道生命的意义。

我们来到这个世界，只是来体验生命的。我们最终也什么都留不下，所以我们不需要追求什么，也不需要害怕什么，我们只需要做自己想做的事，爱自己所爱的人，享受自己想享受的东西。我们只需要看一看花是怎么开的，水是怎么流的，太阳是如何升起又如何落下的。我们只需要经历有趣的事，遇见有趣的人，感受生命的一切美好。我们只需要让每一天过得充实、快乐，让自己的每一刻都值得回忆。我们只需要活出真实的自己，活得快乐，活得有意义。

这个故事的主题是关于"生命的意义"，通常这样的主题比较抽象、深奥，但是这里借助了一个短片，如果现场条件允许，也可以播放视频。这样，就将一个抽象的内容转化为具象，更便于表达我们的观点。不仅让观点听起来合理，也让这个故事深深印在听者的脑海中。

## ◇ 信念故事的讲述 tips：

1. 真实：越真实，讲述时越有底气，效果越好。

2. 强调主题：根据演讲的主题和目标来选择合适的信念故事。

3. 触动情感：信念故事强调象征性，要注意在讲述中展现信念决策的阻力，取得成功的过程和深刻的人生价值观。

4. 省略冗长：信念故事不应过于冗长或复杂，以便让听众更易于理解和接受故事的核心价值。

5. 避免过分煽情：信念故事往往涉及深层次的情感需求和内在价值，但是在讲述故事的时候，也需要注意避免过分煽情，过度渲染情感，以免让听众产生不适感，同时失去故事传达的价值。

6. 提示改变方向：在讲述信念故事时，应该把握好结尾，不仅要总结故事主题和结论，而且还要为听众留下建议和启示，提供建议和行动指向，让听众能够延伸思考。

# 5 大身心准备，练就超级故事表达力

要使人们对你设置的议题产生情感联系，最好的方式便是以"我清晰地记得……"为开头。

# 重新认识自己，疗愈表达创伤

　　很多生活在农村的老人在照顾孙辈的时候，会顺便做一些简单的手工活。有一位爷爷用纸制作了一条纸龙，纸龙有着细细长长的身躯，一端是可以控制开关的头，一端则是封得没有那么牢固的尾巴。纸龙不仅可以作为逗弄孩子的玩具，同时也是一个小小的昆虫笼子。这位爷爷会把孩子抓来的小虫子从纸龙的嘴巴关进去，虫子就像被长龙吃掉一样。结果，关进去的蝗虫没多久都死在了里面，而关进去的青虫却在几分钟后从龙尾爬了出来，顺利逃生。

　　比起青虫，蝗虫有着更锋利的嘴、锯齿一般的大腿和横冲直撞的力量，但是它们个性太焦躁了，关进纸龙之后，会慌乱地挣扎，忘记了自己的能力，也没有耐心找到逃生的方向。而青虫则很安静，选中一个方向一步一步地向前，缓慢而坚定地前进，直到逃出去，重见天日。

　　这条纸龙就像困住我们的人生阴影，我们感到慌张、窒息、绝望，其实，并不是因为我们缺少冲出阴影的力量，而是我们忽视了自己的力量，使用了错误的方法，没有真正地看清自己。

很多想要学习演讲的人，都或多或少地经历过糟糕的演讲经历，有的人甚至陷入了创伤之中。每当想到演讲就心里打鼓，在演讲前紧张焦虑，在演讲时大脑一片空白，在演讲后懊恼不已。似乎有一个声音在不停地对自己说："你不可能做得到，不可能做得好……"

然而，事实上，没有人是天生的演讲天才，每一位能够站在台前从容自信的演讲者都是从一次又一次的失败和练习中发现了演讲的规律，发现了语言的密码，发现了自己的特质。在这个世界上，没有人可以否定你，除非经过你的同意，别人如何看待你，取决于你如何看待你自己。

曾经有一个个子不高的年轻人，生性腼腆，不善表达和沟通，总是被母亲戏称为"蹦起来都没有三尺高"。他21岁时，作为家中经济支柱和精神支柱的父亲因病去世。此时这个年轻人不能再蜷缩在自己脆弱的蜗牛壳里，他必须像父亲一样肩负起一个男人的责任，照顾家庭和母亲。

他成了保险业务员，虽然拜访量很多，成交量却少得可怜，他曾经被客户用名片摔在脸上，也曾经因为言语不慎错失大单，陷入深深的苦恼中。但是，他并没有一直沉沦，重新调整了自己的状态，学习讲话技巧，并不断地练习。这个过程是艰难的，也是痛苦的，但是他并没有退缩，咬着牙尝试与坚持，终于尝到甜蜜的果实。

1996 年，他荣升保险公司下属站的站长；1998 年，跳槽到太平洋保险；1999 年被破格提升为太平洋保险公司三明市分公司的总经理助理；2003 年，成为新华人寿的副总；2006 年自己创办公司，致力于演讲培训。他的演讲走进了一个又一个国内 500 强企业，学员超过几十万人，遍布全国各地。而现在，你正在阅读的就是他的文字……

有段时间网上流传这样一句话：人生是用来体验的，不是用来演绎完美的。我们很难把每件事都做到完美，不让人生留下任何遗憾，尽力就好，允许所有的事与愿违，最完美的状态不是你从不失误，而是你从没放弃过成长。

我们不但要敢于体验人生的高峰，也要敢于体验人生的低谷。有时候，我们无法疗愈内心的阴影与创伤，并不只是因为创伤让我们痛苦，还因为我们在回避成功。心理学家马斯洛发现，人们不仅有畏惧自己成为最低的可能性，也畏惧自己成为最高的可能性。有一次在给心理学的研究生上课的时候，他提出了一些问题："班上是否有谁希望写出美国最伟大的小说？""你们中谁将会成为伟大的领导者？""你们想成为心理学家吗？"学生们或沉默着，或偷偷地笑，或不安地四处张望，偶尔有人低声应和："当然想。"马斯洛则会继续追问："你们想成为一位沉默寡言、谨小慎微的心理学家吗？"

这些研究生都是心理学领域里优秀的学生，即使他们年轻、有朝气、学习能力强，也同样会回避成功。这其实是一种心理效应，往往是因为经历过失败，内心不成熟让我们产生了"我办不到"的消极念头，如果所处的环境不能提供足够的安全感和充足的机会，这些念头就会一直伴随着我们。即便机会降临，我们也不敢去争取。

有这样一个故事，有一个叫约拿的十分虔诚的人，一直渴望能够得到神的差遣，终于有一天，神给了他一个光荣的任务，去向一座本来要因罪行被毁灭的城市宣布神对他们的赦免。约拿却跑掉了，当理想成为现实时，他却害怕了，开始逃避即将到来的成功和荣誉。心理学家马斯洛把自己的发现和这个故事相结合，将人们畏惧成功的表现称为"约拿情结"。

"约拿情结"是人们平衡内心心理压力的一种表现。我们总是可以轻易看到自己的平凡和迟钝，但同时还要看到自己的努力和实力。允许自己出错，允许自己偶尔断电，这能够帮助我们与自己达成和解。同样地，允许自己尝试，允许自己抓住机遇，也是我们成长的必经阶段。所谓疗愈创伤，就是带着缺憾拼命绽放。

万物皆有裂隙，那是光照进来的地方。那些曾经公开演讲与发言带来的打击，那些对公开发言的回避，并不能定义我们的能力，所以我们要面对它，面对自己，打破平衡，认识并克服自己的"约拿情结"，放下焦虑，接纳当下的自己。只有这样，我们才能重建演讲的自尊与自信。

没有人是天生的演讲天才，每一位从容自信的演讲者都是从一次一次的失败和练习中才发现了演讲的规律、语言的密码、自己的特质。

# 超级故事
## 打造手册

# 如何打造一个
# 价值百万的故事?

# 秘诀 1：超级故事的四大要素

## 1. 共情的角色

故事不一定要有干出一番惊天动地事业的所谓英雄人物，我们需要的是能够让听众共情的角色，让听众在关注的同时又可以和自己产生心理联结的角色。

角色指的不是公司的名字，不是一大堆人或一个小群体，也不是被推崇的某种价值观，而是一个角色个体或几个独立的角色个体。

## 2. 真实的情感

堆积的事件和静态的时间线是勾勒不出精彩的故事的，当然，也不一定要非常具有戏剧性。

关键是简单而真实，比如角色的沮丧、迷茫、悲伤、兴奋等。

## 3. 重要的瞬间

这里瞬间指的是时间、空间或情境中的一个具体的点。

瞬间的强化可以避免因泛泛而谈引起听众的乏味，它可以快速吸引听众的注意力和好奇心。

## 4. 特定的细节

越具体的细节，越能够让对方代入。

**示例：**

父亲（共情的角色）送我去火车站，从不善言谈的他颤巍巍地从裤兜里掏出一叠散乱的零钱（特定的细节），塞到我的手里，叮嘱在食堂一定要多买一些好吃的；我看他悄悄转过身去用衣袖抹去眼角的泪水（真实的情感）；火车缓缓地开动，父亲跟着跑了起来，火车越开越快，父亲却越跑越慢。我透过车窗远远地望去，父亲似乎再也跑不动了，慢慢地消失在我的眼前，直到像绿豆那么大（重要的瞬间）。那一年我第一次离开家乡，到省城读书。

# 秘诀 2：打造情感故事的行动指南

1. **结构完整**：必须有清晰的故事结构，包括引言、情节、高潮和结论。

2. **生动具体**：故事要尽可能具体和生动，让听众产生明确的情感体验。

3. **言简意赅**：必须言简意赅，避免信息过载等情况。

4. **情境合适**：情感故事不应该脱离语境，应该与演讲的主题和目标相适应。

5. **自然流畅**：讲述需要自然流畅，要让故事展现出情感导向，而不是刻意制造情感效果。

6. **多样性**：采用多样性的情感元素，如喜怒哀乐，防止故事表达过于单调和枯燥。

7. **真实性**：必须真实可信。

8. **内涵深刻**：不仅要有真实情节和真情实感，而且要有深层次的内涵，可以带给听众某种道德价值、思想启示和人性化体验。

**打造情感故事的自我启发练习：**

1. 这些年，最让我印象深刻的记忆是什么？

_____

_____

2. 这个记忆中有哪些人物，他们的什么特点让我难忘？

_____

_____

3. 这段记忆如果讲出来，会唤起对方怎样的情绪？

_____

_____

4. 这个经历中的哪部分内容，可以用作情感冲突？

_____

_____

5. 我希望读者听完后，收获的价值是什么？

_____

_____

# 秘诀 3：打造常情故事的行动指南

1. **真实性**：常情故事可以是自己亲历的，或者新闻中看到的，切记道听途说。

2. **基调自然**：应该让听众感到自然流畅，避免过度夸张和煽情。

3. **选择恰当**：常情故事应适合演讲的主题和目标，具有相关性和意义。

4. **显示人物**：常情故事中的人物应该充满生命力，具有个性，这有助于增强听众的情感感受。

5. **强化效果**：常情故事要有一个清晰的结尾，以便留给听众一个深刻的印象。

**打造常情故事的自我启发练习：**

1.这些年，哪一件事让我的价值观发生颠覆？

2.这件事的相关人物是谁？

3.我曾经对他的印象是？这件事让我发生了怎样的印象变化？

4.他具体是怎么做的？

5.我个人对这件事的评价是？

**秘诀4：打造名人故事的行动指南**

1. **绝对真实**：必须真实可信，避免虚构和夸张，最好能被听众查阅到。

2. **探讨主题**：根据演讲的主题和目标来选择合适的名人故事。

3. **选取适当**：在用名人故事时，需考虑听众文化和价值观背景，尽可能选取符合听众喜好的故事。

4. **保持普及**：名人故事不应过于高深，而是应该尽可能通俗易懂，让听众易于理解和接受。

5. **风格吻合**：讲述名人故事需要与演讲者的个性和风格吻合。

6. **充分表达**：选择适当的语速和音量，配以合适的表情和身体语言，让听众更加沉浸其中。

**打造悬念故事的自我启发练习：**

1. 如果一定要找一个榜样，我想要把哪位名人当作榜样？

2. 他身上感染我的品质是什么？

3. 他曾经的哪个事迹，让我很有分享欲？

4. 他具体是怎么做的？

5. 他因此获得的成就是什么？

##  秘诀 5：打造悬念故事的行动指南

1. **引人入胜**：悬念故事需要在开头就用有吸引力的方式引起听众的兴趣。

2. **把握节奏**：将悬念故事讲得像脱口秀一样，要懂得什么时间抖什么包袱，避免提前揭示答案或过早解决问题。

3. **强调细节**：悬念故事的悬念点通常隐藏在故事的细节中，因此在讲述时强调故事细节并引导听众注意这些细节。

4. **加强视觉感受**：可以通过描写环境、人物特征、利用音效等方式，让听众的感受更为真实，如身临其境般，来增强听众的感受和理解。

5. **结构合理**：悬念故事需要有一个合理、完整的结构，包含引出问题、加强悬念、解决问题和总结结局等环节。

**打造悬念故事的自我启发练习：**

1. 我要讲的这个故事，如果换成自己的话，怎么讲？

2. 在哪个地方设置悬念最容易勾住人心？

3. 如果想要强化读者的好奇心，我应该抖哪些包袱？

4. 如果让听众猜测接下来的剧情，会有怎样的猜测？

5. 如果我解密后，听众反应不强烈，怎么办？

# 秘诀 6：打造信念故事的行动指南

**1. 真实**：越真实，讲述时越有底气，自然效果越好。

**2. 强调主题**：根据演讲的主题和目标来选择合适的信念故事。

**3. 触动情感**：信念故事强调象征性，要注意在讲述中展现信念的决策、阻力、取得成功的过程和深沉的人生价值观。

**4. 省略冗长**：信念故事不应过于冗长或复杂，以便让听众更易于理解和接受故事的核心价值。

**5. 避免过分煽情**：信念故事往往涉及深层次的情感需求和内在价值，但是在讲述故事的时候，也需要注意避免过分煽情，过度渲染情感，以免让听众产生不适感，同时失去故事传达的价值。

**6. 提示方向**：在讲述信念故事时，应该把握好结尾，不仅要总结故事主题和结论，而且还要为听众留下建议和启示，提供方向建议和行为指向，让听众能够延伸思考。

13

**打造悬念故事的自我启发练习：**

1. 如果要给我的成就归因，我觉得最应该是什么？

_____

_____

2. 在我的成长道路上，遇到的什么事曾经让我想要放弃它？

_____

_____

3. 当时我是如何继续坚持下来的？

_____

_____

4. 我是否需要音视频资料来辅助讲述？

_____

_____

5. 基于这个经历，我可以给他人的三点建议是什么？

_____

_____

# 秘诀 7：让你的故事具有生命力

练习：关注自我确认的重要要素

·我是谁？

·我拥有爱的能力

·我爱自己，我也爱这个世界

·我的角色定位是什么？

·我要为社会创造什么价值？

·我有什么样的愿力？

·我一生的坚守的使命是什么？

**自我确认的日常范本：**

我叫＿＿＿＿＿＿

我全然地热爱我自己，

我要用全身心的爱去拥抱这个世界，

我是全世界有史以来最有魅力、

最有能量、最有爱的超级演说家。

我这一辈子注定要成为

一个对社会有贡献的人。

我要在最短的时间内帮助全球5亿人

消除登台恐惧、培养勇气、建立自信，

支持他们全然地活出最好的生命状态。

同时我坚信：

每一个人的声音都值得被温柔以待，

每一个人的故事都值得被聆听，

每一个人的梦想都值得被尊重。

我要用终身的力量去坚守一个使命——"让世界听见每一个

人的声音"！

16

# 重建演讲的自尊与自信心

内心与自我对话的质量影响生命的质量。一个人与自己内心对话的内容，决定了这个人的生命所呈现出来的状态。

当我们经历一件事后，内心会出现两种的声音：一种是"我怎么这么笨，我的运气怎么这么差，我没有很好的学历、资源、颜值、能力……所以我是不会成功的"；一种声音是"只要去尝试，就会有结果，尽管暂时没有得到我想要的，但只要我继续努力，去体验，去实践，就一定有收获"。

这些声音就是我们与内心的对话，在心理学中也称为"思维模式"。如果一个人的思维模式是消极的，那么他所采取的行为也会是消极回避的；如果一个人的思维模式是积极的，那么他所采取的行为也将是一往无前的。思维模式决定了行为的方向。当我们想要达成某个结果，例如缓解与孩子之间的冲突，建立亲密友好的亲子关系，提高与客户之间的成交率，这些都是行为层面的改变。要改变行为，首先要改变指引行为的思维模式。

因此，想要重建演讲的自尊与自信心，首先要转变我们的思维模式。思维模式并不是一成不变的，它受到五个因素的影响：亲身经历、就读的学校、工作实践、自我思考和持续学习。

在成长和学习经历中，很多人都不是一帆风顺的，我们可能成绩平平，可能默默无闻，可能总是差一点，可能总是失败。这时候，周围人的反馈和评价，自己对失败和成功的归因等构成了我们对自己和对他人的相处经验，也构成了我们的思维模式。在这个过程中，如果我们身边一直有人给予我们信任和支持的力量，关注我们努力的过程而不是最后的结果，指导我们如何保持专注、坚持，如何解决问题，帮助我们进行客观全面的分析，时刻鼓励我们，那么无论我们经历多少失败和拒绝，都会形成正确积极的自我认知，拥有自尊和自信，相信自己是有潜力的。

也许，读到这里，你会感慨，在经历失败的时候，你体验到的都是批评和指责，这种认为自己不行的思维模式已经形成了。难道就没有办法了吗？答案当然是：还有办法。

我们的人生并没有终结，既然过去的人生经历形成了当前的思维模式，那么现在的人生经历就可以形成未来的思维模式。而且我们从未停止实践、反思和学习，这些都是转变思维模式的重要方法。

如图 5-1 所示，转变思维，重建演讲自信，我们从现在就可以开始。

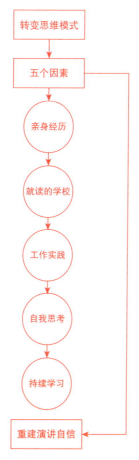

图 5-1　重建演讲自信步骤

文艺复兴时期，有一位画家叫索拉利奥，在声名鹊起之前，他只不过是一个流浪街头的修补匠，因为经常受雇于当时的著名画家安东尼奥，到他的家里修补画具，慢慢地，他爱上了安东尼奥的女儿。但是安东尼奥说，要想娶自己的女儿，他必须成为一位像自己一样优秀的画家才行。索拉利奥立即请求，能否给他一点时间，他一定会成为优秀的画家。安东尼奥并没有把索拉利奥的请求放在心上，只是随口答应下来，因为这本身就是安东尼奥想要摆脱这个落魄年轻人的托词。

从此之后，索拉利奥每天努力地学习和作画，每天早上醒来，他做的第一件事就是大声地对自己说："我一定能成为一位像安东尼奥那样伟大的画家！"就这样，十年的时间过去了，安东尼奥受到皇室的邀请，评判一幅画着圣母玛利亚的画作。安东尼奥仔细欣赏之后，给予了很高的评价，认为这幅画作水平不在自己之下，而这幅画正是出自索拉利奥。当安东尼奥听到索拉利奥提起的十年前的约定时，既惊讶又敬佩，他遵守承诺，为女儿和索拉利奥举行了婚礼。

如果没有安东尼奥的那个要求，或许索拉利奥也会成为一名画家，但是并不一定能够拥有如此强烈的信心和动力，十年如一日地学习和创作，最终达成如此大的成就。

演讲也是如此，当我们学习积极的思维模式之后，还需要一股强烈的内在动力来推动。我们渴望自己能够通过语言有效地表达，获得成功。每一天这个内在的力量给予我们学习的兴趣、练习的毅力和实践的勇气。

　　与此同时，我们也可以像索拉利奥一样，找到一个学习的榜样和想要超越的目标。跟随榜样的指引，一直朝着终点奔跑。不仅小孩子的成长需要榜样，对于成年人也同样重要。

　　接下来，我们就可以不断地练习。演讲是一种实践性的活动，再多的理论都不如一次发言的经历。来自听众的注视、表情、反馈以及我们在发言前后的感受，都是宝贵的经验。

　　为了在练习的时候强化内在的积极思维模式，我们还可以设置一些关联信号。比如在日常练习的时候播放掌声音效，只要自己顺利地讲述一个故事，或者自如地讲出一个观点的时候，就播放掌声，让掌声和自己的积极体验形成关联。长此以往，掌声就会成为我们积极体验的信号，让我们感到愉悦。而且掌声本身就具有鼓励的力量，当我们在发言的时候卡顿时，就可以通过一些小技巧来引导听众鼓掌，进而激发自己的信心。

　　恐惧和紧张情绪其实是来自内心的声音，自信也是来自内心的声音。要想达到某个演讲成功结果，需要从指导行为的思维模式入手，调整生命呈现的状态，并建立演讲的信心。

# 知识储备不够，也可以成为表达达人

　　明代的一本小说《笑赞》里讲述了一个有意思的故事。有一个很有才学的秀才去卖柴，看见卖柴人站在远处，就文绉绉地冲他说："荷薪者过来。"卖柴的人其实并没有听懂秀才的话，但是听懂了"过来"两个字，又看到秀才冲着自己讲话，于是担着柴走了过去。接着秀才问："其价如何？"卖柴的人还是没有听懂秀才的话，但是听到了"价"这个字，想着是在问价，于是就说了价钱。秀才听后，觉得这木柴外边看着干，里头却有点湿，要是烧起来，估计是烟多火少，不划算，所以想讲个价。于是秀才又问："外实而内虚，烟多而焰少，请损之。"结果卖柴人这次是完全听不懂了，皱着眉头半天，最后挑起柴走掉了。最后，秀才没有买到柴，卖柴人也没有做成生意。

　　充足的知识积累有助于分析和思考。但是有时候我们能想到一些事，并不一定能够顺利地表达出来。就像这个秀才，他其实可以识别柴的好坏，也懂得物有所值的道理，最后却没有买到柴，因为他只考虑了自己说话的角度，却无视说话的对象和对方听的感受。

表达的目的是让其他人听见和听懂我们。达到这个目的需要我们从听众的角度出发表达。因此，即便知识储备不那么充足，也不要担心，只要用对方能够接受的方式，也可以达成沟通目的。

无论对方是成人还是小孩子，是业内专家还是行业新人，是投资人还是客户，其实都存在一个通用的表达方式：讲故事。在第一章的开篇，我们已经讨论过演讲与故事之间的关系。进行一场有效的演讲，其实就是讲述一个打动人的故事。换言之，要做一个表达达人，要从讲述动人的故事着手。

我们可以遵从四个步骤来讲述动人的故事，如图5-2所示。

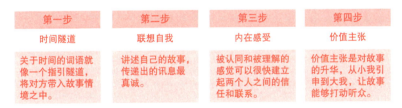

图 5-2　讲述动人故事的四个步骤

**第一个步骤，时间隧道。**

时间与每一个人都息息相关。同时，时间也具有一种神奇的魔力，能够在最短的时间内把对方带入一个想象的空间。例如，我们在讲故事的时候使用一些具体的时间："我很清晰地记得是去年的秋天""在我八岁的那一年""在我第一次领工资的那一天"……这些关于时间的词语，就像一个指引隧道，将对方带入故事情境之中。

毕竟我们的记忆都离不开时间因素，那些时间节点会很快激活听众相应的回忆。如果对方在故事中出现的时间里也有类似的或相反的经历，就会快速地让对方联想到自己，加深对故事的印象。

**第二个步骤，联想自我。**

为了表达某个主题，我们讲述的故事也可以是名人的故事，但最首选的是自己的故事，因为只有自己的故事是我们的亲身经历，是我们最有资格讲的故事。讲述这样的故事时，我们是最有底气的，也是最能够真情流露的，传递出的讯息自然就是最真诚的。

有时候我们会误以为名人的故事更有榜样力量和说服力，但是名人与普通人之间存在很多不同。一个总统突破自我最终获得最高选票的故事固然能够证明成长的力量是如此之大，但是我们突破自我并最终站在大家面前的故事，更加直观和真实。

### 第三个步骤，内在感受。

人们最期待在交流的过程中，对方能够理解自己的感受。这种被认同和被理解的感觉可以很快建立起两个人之间的信任。如果我们在表达的时候传递出我们发自内心地希望对方快乐、不再悲伤，那么对方一定会被我们打动。

内在感受往往不是语言能直接传达的。心理学的研究发现，比起话语，人们往往更相信非语言的行为、表情、动作等传递出来的信息，并且认为这些信息代表了真实的内在感受。因此，在表达的时候，我们需要做到言行一致，从对方的需求出发。

### 第四个步骤，价值主张。

讲故事是我们的表达方式，但是故事并不是我们要表达的全部内容。讲完故事，我们还要抛出自己的观点，进行号召和呼吁，也就是价值主张。比如我讲自己在九岁的时候很胆小，都不敢上街买酱油，但是今天的自己突破了自我，从自卑少年成长为一名演讲教练。我并不只是在做简单的自我暴露，而是在通过自身的经历告诉大家成长的力量。

我还会讲述小时候不敢表达造成的悲惨经历，例如，读五年级的时候，我因为很害怕班主任，不敢在他的面前大声说话，所以上课的时候不敢举手去厕所，一直憋着，直到整个凳子都湿了，最后成为全班的笑话。这个我亲身体验的故事不仅能引起大家的共鸣，使大家想到不敢表达造成的类似糟糕体验，也能够清晰地传达出希望大家也能够突破自我的愿望，并借助这个故事告诉大家，今天的我可以改变，他们一定也可以。

价值主张是对故事的升华，从小我引申到大我，可以让我们的故事不仅生动，而且能促使听众在听完之后积极采取相应的行动。

即便知识储备不够，也同样可以讲出打动人心的故事。当然，这并不代表知识储备不重要，毕竟我们要进行的价值主张需要以一定的知识为基础。足够的知识会促进表达能力的提升，但是在还没有充足的知识积累时，也可以进行有效表达。

# 应对演讲焦虑的 4 个办法

**第一个方法，与最高的自我身份进行联结。**

很多人在面对公众演讲的时候，内心是很害怕的，他们害怕的是什么呢？——两个字：权威。设想一下，在一个招商大会上，现场与会的是各个上市公司的总裁和银行的行长，而你需要介绍你的项目、你的产品、你所从事的领域，以获得对本项目的投资。在这个时候，你会感到紧张和焦虑，但并不是因为你没有事先做好准备，相反，你已经做了充足的准备。你紧张的原因是与会的人都是所在行业的大咖，在你眼中，他们都具有一定的权威性。

人们向来对权威有一种本能的恐惧，因为人们担心被权威否定，从而损伤自我价值感。然而，我们要明白，在招商会中，投资领域的权威和专家却并不一定是你的项目领域的专家，只有你才最熟悉你的领域。在你的领域里，你其实比这些企业家更具有权威性。

第一个方法，就是与最高的自我身份进行连接。在演讲情境中，找到自己的最高身份，并与之连接，才能消除内心深处对权威的恐惧。富兰克林说过，我们唯一最害怕的就是害怕本身。上市公司的老总又怎么样？他在这个领域也得听你的，你才是专业的。一旦认同了自己，我们自然而然就能迸发出无限的激情与魅力。

我们要树立这样一种信念：在这个领域里，我是最棒的。演讲其实很简单。卡耐基曾说，一定要讲自己挣得资格的事情。听众并不会期待一个十全十美的演讲者，听众更欣赏的是那种能够全情投入，而且对生命有热忱的演讲者。

### 第二个方法，站定、笑定、眼定。

上台演讲，最紧张的时刻就是走上舞台站定后，开口前的几秒钟。而这几秒钟可以通过六个词来度过：站定、笑定、眼定。

首先，面带笑容，一只手握住麦克风，另一只手挥舞着打招呼，昂首挺胸阔步走上来，在预定位置站定。站定时一定要挺胸收腹，站姿上男生可以双脚与肩同宽，女生则可以双脚稍微呈丁字步，如此可以在站定时呈现出自己最好的气质。

接着，笑定，保持笑容。俗话说，伸手不打笑脸人。大家对笑着的人会更包容。我们可以事先在台下对着镜子观察自己的笑容，也可以录下自己露出笑容的视频。从旁观者的角度观察自己的表情和动作，让我们的笑容是亲切、友善、真诚的。

最后，眼定。即通过眼神控场。第一眼从左边的前部看到后部，第二眼从右边的前部看到后部，第三眼从中间的前部看到后部。并且在这个过程中一定要保持微笑，头部的转动幅度不要太大，尽量自然。把自己想象成一束光，在通过眼神照在听众的脸上，向他们问候。整个过程控制在3~4秒。做好眼神控场之后，再慢慢把视线收回到中间的区域，开始演讲，也可以事先录制自己眼定的过程，做到自然熟练。

如果暂时不能做到与所有人的目光互动交流，就在眼定的时候把目光停留在最后一排人的头顶上。

**第三个方法，专注，把注意力放在演讲本身。**

演讲时产生的焦虑并不是演讲原有的产物，当我们的意念游离的时候，紧张、焦虑和恐惧便乘虚而入。

在演讲的时候，我们总是不可避免地想太多，想着我们的口音、发型，想着其他人会不会看出自己的紧张，会不会听到自己有一个词没有读对，想着听众对自己的评价。在我们胡思乱想的时候，焦虑紧张往往会一发不可收拾，结果越讲越糟糕。其实并没有人给我们施加压力，我们之所以焦虑是因为我们的意念从演讲本身剥离，投注在其他人身上，才被焦虑钻了空子。

不知道你有没有过这样的经历？当你专注于某一件事的时候，认知是排他的。当追剧入迷或玩游戏正投入的时候，我们会听不到家人叫我们吃饭的声音，不会察觉到家人的出现和离开，也察觉不到时间的流逝。

可见，专注会帮助我们屏蔽掉焦虑和紧张的情绪。如果我们能够把精神高度集中在演讲本身，说话的时候慢一点，清晰一点，把关注点放在每一个词句的表达上，聆听自己的声音，体会自己对演讲内容的感受，把说和听形成闭环。在这个时候，我们仿佛在自己身上设置了一张结界，只想着我们要说的内容，只听着我们说出口的内容，那么焦虑和紧张也就无法乘虚而入了。

### 第四个方法，深呼吸。

这个方法并不新鲜，但它是最经典也是最有效的应对方法，操作起来很简单，深深地吸入一口气，保持 1 秒钟，再用 1 秒钟的时间把这口气呼出去，重复 1~3 次。如果焦虑很强烈，也可以在吸气后保持 2 秒钟，再用 2 秒钟的时间呼气出去，重复 1~3 次。

上台前深呼吸，能够让我们的步伐变得轻松，腰背更挺阔；讲话之前做深呼吸，能够保证我们发出的声音是稳定清晰的；演讲过程中及时深呼吸，可以给自己一些喘息的时间，从而把演讲的节奏重新控制在自己的手里；互动提问环节深呼吸，可以给自己一个整理思绪的空隙；当出现突发情况时，深呼吸可以缓解当下的情绪感受，也可以作为一个停顿，告诉自己也告诉听众，这个小意外已经过去了，我们要继续接下来的内容了。

每个人紧张时的表现是不同的，有的是心跳加速，有的是手脚颤抖，有的是脸部快速充血变红，有的是不可控制地眨眼睛……这些其实都是身体的反应，而深呼吸就是在通过调整心脏的舒张功能来缓解身体的过度反应。深呼吸还可以和前三种应对方法配合使用，一起帮助演讲者缓解紧张、焦虑的情绪。

**超级故事：**

我叫巧玲，茶庄主理人。刚开始创业的时候，我是一个很不自信的人，每到开年会需要上台发言或参加各种公开场合的会议的时候，我都会紧张得不行，浑身发抖，不断冒着冷汗，根本无法顺畅地进行表达。2021年10月，朋友推荐我参加了余歌老师的"演讲思维班"。

余歌老师的"有我思维"让我接纳了自己的紧张，"联结思维"让我知道如何与听众建立起有温度的沟通，"定位思维"则帮助我快速地进入演讲状态。在老师的鼓励下，我一次又一次地练习，从演讲时的表情、动作到各种突发状况的处理，我渐渐地开始变得从容。即便在演讲的过程中突然忘词，我也能够迅速切换主题，自然地应对。哪怕是即兴演讲也难不倒我。

我知道自己的演讲并不是完美的，有时候并没有按照自己的计划展开，但是我不再焦虑，也不再恐惧了。演讲并不需要完美，需要的是演讲者分享出有价值的思想。现在的我不论是开会讨论发展方向，还是在生活中日常沟通，都充满了自信。认识了十几年的朋友最先察觉到我的变化，她们觉得我像变了一个人，这样放得开。跟随我的员工也感知到我与之前的不同，他们认为我更有领导力，更愿意相信我的决定。

我们都有做事的能力，但是要把我们的能力更全面地展示出来，需要语言和演讲作为锦上添花，不断地练习和永不停止地学习。

# 构建让自己放松表达的意象场景

当我们要做演讲练习时，需要构建一个趋于真实的场景。可是，真实的场景往往会导致紧张，还会提醒我们曾经糟糕的演讲经历和曾经被他人否定的不良体验。我们需要构建一个真实而且让能够让我们进行放松表达的场景。

在这个场景里，我们是放松的，能够顺利地完成演讲，用不断累积的成功的演讲经历和正向反馈形成对演讲的自信与从容，这也就是所谓的"熟能生巧"。

如果现在没有成功的演讲经历，我们可以通过在脑海中构建类似的场景来实现。这是一种简单又有效的自我催眠方法。曾经有一位企业家通过这个方法在 15 分钟之内就消除了内心的恐惧，并且成功地完成了演讲。

这个方法操作起来也很简单，就是在演讲开始之前，慢慢调整呼吸（现在读到这里的你也可以尝试进行练习），闭上眼睛，想象着：主持人已经在报你的名字了，正在介绍你的简历，此时舞台的灯光已经打亮，音乐也同时响起，全场的听众都在期待你的登场。然后，你雄赳赳、气昂昂地走向舞台，在你出现的那一刻，全场起立鼓掌，每一个听众都面带笑容，甚至还听到了呐喊和口哨声，在场地的周围还飘扬着很多属于你的旗帜、应援灯。你开始了演讲，你越讲越投入，你的手触摸着沉甸甸而又充满质感的麦克风，掌声如潮水般一阵一阵地涌来，你浑身充满了无限的力量，最后你的演讲大获成功！

这个时候，你是一种什么样的感觉？兴奋、有成就感、由衷地感到喜悦。你迈出的步伐都是轻盈的，你的声音变得通透明亮，你的笑容变得自信灿烂。就是这样一个简单的方法，却具有不可思议的力量。

人们喜欢遵循内在的感觉行动。如果内在的感觉是轻松的，行为也是积极的；如果内在的感觉是压抑的，行为也会受到阻碍。改变演讲时内在的感觉看起来很难，但是可以通过积累成功的经验来实现。闭上眼睛，演练演讲时候的压力情境，想象可能出现的情境，我们就可以重新训练自己在这些压力下的反应模式。总之，构建让自己放松表达的场景，可以通过两个方面实现：视觉画面和情绪感受。

视觉画面，就是首先在脑海中尽可能详细地创造出这个场景，想象出自己周围的环境，包括环境中有什么、是什么样子的、温度如何、触感如何，等等，细节越多，越接近现实越好。与此同时，还需要将情绪和情感融入其中。我们不仅要想象自己将如何应对压力，还要想象出自己在成功之后希望体验到的情绪。

具体的操作步骤如下：

第一步：寻找一个远离任何干扰的安静的地方。

第二步：坐在柔软的椅子上，保持舒适的姿势，背部挺直。可以坐在地上，但是不要平躺，因为平躺不利于发挥想象力。

第三步：把注意力放在自己的呼吸上，先自然地呼吸，不加任何控制，让意识跟随呼吸的节奏。然后做 10~20 次深呼吸，直到自己完全放松下来，情绪完全平静下来。

第四步：创造意向场景，尽可能真实地进入那个场景之中。

第五步：体验最佳情绪状态。如果构建的情境足够真实，相应的情绪感受也会自然而然地出现。体验这种情绪，记住这种感觉。

这个练习不仅可以应对演讲恐惧，也同样可以应对其他情境下的心理压力。

当场景变得越真实时，获得的经验就会越有利于我们克服恐惧。但是真实的构建并不容易，需要通过不断的练习。练习越多，效果越好。场景越真实，人就会变得越自信、勇敢、从容。

　　其实，紧张是每个人都会有的反应。不论一个演讲家演讲过多少次，不论他已经取得怎样的成就，紧张这种情绪依旧会出现。重要的并不是完全消除恐惧，而是找到与恐惧和平相处的方法。

我们需要构建一个真实的
而且能让我们放松表达的
场景。

第六章

临场讲出好故事，决胜人生

关键时刻

不管是日常社交还是职场，讲故事的能力都是你不能缺的核心能力。

# 用好黄金圈思维法则，搞定任何类型会议

有一个鞋厂的老板召集两个分厂的厂长开会，会议的内容是由于鞋厂上半年的效益不好，因此决定年底不发奖金了。两个分厂的厂长分别回去传达会议的内容。A厂长在员工会议上直接并如实地说出老板的决定："由于上半年厂里的效益非常不好，于是老板决定今年停发奖金。"A厂长虽然传达了会议内容，但是会议的结果是员工们非常愤怒，充满抱怨，甚至在背后大骂老板。

B厂长也召开了员工会议，并在会议上说："今年呢，工厂的效益不好，老板决定要裁员。"员工们听到这个消息，都很紧张，担心自己被裁掉。接着B厂长继续说："但是，经过我的据理力争，老板最终决定不裁员，但是停发今年的奖金。"员工听到这里，都放下心，并且称赞B厂长能够为了大家考虑，值得信任。

开会内容相同，可是为什么两个厂长传达的效果完全不

一样呢？归根结底，是人们的心理预期效应在发挥作用。

一个人是否感到幸福，其实并不在于实际得到了什么，而在于他所得到的是否达到了心理预期。A厂员工原本以为会得到奖金，但是没有，因此感到很失望；B厂员工原本以为会被裁员，但是并没有，只是停发了奖金，因此感到庆幸，也减少了对停发奖金的失望。B厂长运用心理预期效应不仅安抚了员工，还让大家能够继续保持工作的热情。

召开会议其实也是一个沟通的过程，要想达到良好的沟通效果，我们不仅要准备会议的内容，还需要采用一定的沟通策略。

**在召开会议前，首先需要了解参会人员的心理预期，确保会议的内容能够满足大家的心理预期。**如果无法满足大家的心理预期，那么可以尝试将其降低，这样也可以保证会议效果。

**此外，我们还需要在会议中安排部署接下来的工作。**作为会议主持者，我们都希望能够直接地告诉大家：你们要去做什么，接下来要怎么做。但是这样往往收不到良好的效果，因为大家通常会认为这件事情是会议主持者的事情，好像和自己没有什么关系，自然也就不会提起兴趣和热情投入。

这时，我们可以使用黄金圈思维模式，通过三个步骤吸引大家参与，让他们意识到这件事情跟他们有密切的关系，而且也能够清晰地知道如何去做。

黄金圈思维模式是国际知名广告人西蒙·斯涅克发现和总结的一种思维法则，如 6-1 所示。如果把对一个问题的思考形象地画成三个圈，最外面的圈层是"WHAT 层"，指的是最后产出的成果；中间的圈层是"HOW 层"，是实现使命、理念的途径和方法；最里边的圈层是"WHY 层"，是做事的初衷和核心理念。

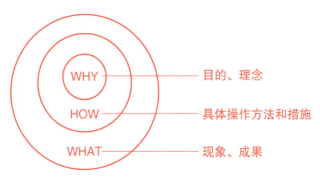

图 6-1　黄金圈思维模式图

运用黄金圈思维模式开会时，可以按照这样的步骤：

**第一个步骤："WHY"**。向对方说明为什么要做这件事情，比如想告诉对方要学会创新，就要先说明创新会带来什么样的好处；想安排对方拍摄制作短视频，就要先讲清楚拍短视频能够带来的好处。让对方明白，这项工作或这件事情与对方有着怎样息息相关的联系。做这件事能够为自己带来的益处，比如工作经验、成长的回报等。

**第二个步骤："HOW"**。阐明这件事如何去做。为了达成做这件事的目标，我们的计划是怎样的，怎样来执行。

第三个步骤："WHAT"。进一步解释具体要做的内容。对照计划，明白我们具体要做些什么。

我们都听过乔布斯和马云的演讲，每一次都会被他们的演讲所打动，有时甚至想要加入其中。但是细细回想，乔布斯和马云都没有把演讲的重点放在他要做什么或者我们要做什么上。他们既没有炫耀苹果产品如何好，阿里巴巴平台怎么运营，他们演讲是围绕如何改变世界、改变生活、改变做生意的模式进行的。

这就是在使用黄金圈思维模式让大家认同做这件事，理解为什么要去做，大家才会更好地付诸实践。在召开会议的时候，亦是如此，主持人需要先强调为什么要去做这件事，再讲明大家需要做什么，如何做。

# 把握 5 个环节，讲好汇报型故事

有效汇报的内容包括 5 个环节：结论—原因—结论—措施—建议。

例如，当出于种种原因，客户取消了签字的时候，可以参照这五个环节进行汇报："老板，明天和客户原本约定的签字仪式被取消了，因为客户觉得我们的交货时间有点长，他们可能想要找一个交货日期更短的合作伙伴，所以取消了和我们的签约。我已经打听到他们期待的交货时间，并且答应客户下周一和他们再次商定交货日期。我建议马上召集我们公司的相关部门开个会，您觉得是约到今天下午还是明天上午方便？"

在这里首先说明，汇报的第一个结论既是主题也是遇到的问题；然后，解释这个问题出现的原因，并据此原因得出第二个相关的结论；接着阐述应对第二个结论采取何种措施，给出解决问题的策略。这种方法不仅非常实用，而且高效、清晰。

进行汇报的时候，除了口头的汇报，还有文字形式的汇报。在文字汇报的时候也可以遵循这五个环节：结论——本阶段的工作情况；原因——促成工作成效与出现问题的原因；结论——总结问题症结；措施——可以采取的办法；建议——接下来的工作调整方向与新方案。

在进行文字汇报的时候，还可以借助标题和图表等进行辅助。很多人进行汇报的时候，会直接使用"××项目阶段/年度汇报""××工作汇报"。这种汇报形式虽然直接，但是也比较死板。汇报其实也是演讲的一种，可以借助演讲策略来完成。作为演讲的标题，"××主题演讲"往往无法吸引听众，也很少被演讲者使用。

汇报的标题可以点题，例如直接使用"××工作/项目的3大收获/4项经验"，既阐明主题，也让听众一目了然；汇报的标题也可以引用名人名言，既兼顾了立意，又体现了思考与积累。

汇报内容需要有数据支撑，而数据需要由图表进行表达，因为图表具有直观性和生动性，能够清晰地佐证某个观点，是汇报过程中最有力的工具。例如可以通过柱状图表示增长，饼状图展示比例，组织结构图显示全貌，思维导图解释思维模式和逻辑。

无论是哪种方式的汇报，在准备和演示的过程中，离不开三个方面的考量：汇报的目的与对象，汇报的逻辑与思路，汇报的重点。

汇报的目的与对象决定了汇报内容的选择、表达形式、时间的长短。当我们接到汇报任务的时候，不能盲目准备，要详细了解汇报的目的与对象，同时考虑汇报的环境，准备时，越丰富的信息越有利于工作取得良好的效果。

汇报的逻辑与思路影响着汇报结果的呈现。有的人在准备汇报时，把所有内容都一股脑呈现出来，然后等着听众提问，并且认为如果对方没有听懂，就会询问，这样问一个，回答一个。其实这表明我们的逻辑是混乱的，不知道如何做才有条理，只有等待别人提问时逻辑才会清晰起来。整理思维最便捷的方式是使用提纲和思维导图，也就是根据汇报的目的对内容进行分类，将一个大的目标拆分成小的目标，再将小的目标细化成具体的内容，以此构建出汇报的逻辑链条。

汇报中对重点内容的掌控制约了汇报的成效。浙江卫视《王牌对王牌》节目组在对各个明星进行邀约的时候，也会进行对节目进行介绍。当时节目总监看过导演准备的介绍资料后提出建议，询问是否应该增加一点节目现场有趣的画面或生动的表情，让明星和团队觉得节目很有趣，更愿意参加。导演的回复是：对于观众而言，他们想看到的是节目有多好看，多有趣，可以增加这些元素。但是我们的汇报需要打动那些顶级明星，因此要展示的是明星参与后能获得什么，不一定全是节目多好看和有趣。

突出汇报的重点，不仅可以给听众留下深刻的印象，还能够与听众产生良性的互动，促成汇报的效果。

# 总结中把握 5 个环节，让你的陈述引人入胜

不论我们从事怎样的工作，做总结都是必不可少的。一个思路清晰的总结，不仅可以阐明一个人的工作是如何开展的，也能够展示出一个人的工作规划，将对今后的工作开展带来很大的帮助。

一个清晰的工作总结包括 5 个必要环节，如图 6-2 所示。

图 6-2　工作总结要素

### 第一，表明总结的目的和意义。

一篇总结不仅能够帮助我们回顾工作，从中提炼出经验，还能够进一步分析存在的问题，寻找改进工作的方法。在工作管理流程中，完成工作并不是终点，只有在此基础上持续改进，形成一个闭合的良性循环才是我们追求的目标。

所有的工作都具有一定的规律，只有善于总结的人才会发现它。发现规律并运用规律，能提高工作效率，这是一个人职业成长的重要助力。不论是职场新人，还是从业多年的老员工，在工作中进行反思与总结必不可少。

作为总结的开篇，我们首先要用尽可能简洁、明了的言辞，说明自己是如何完成这些任务和目标的，可以概括地介绍整体的工作结果，点明总结的目的，也可以对比这一阶段和上一个阶段的工作成果的差异，展示出自己的业绩优势。

### 第二，汇报工作成果。

如果在一定的时间里，我们完成的工作量是比较大的，在成果回报的时候要遵循一定的逻辑，可以将工作内容划分为不同的板块，逐条列举；按照时间顺序，呈现不同时间段的成果；或者按照工作的操作过程进行总结。

在呈现成果的时候，切记不可以记成流水账，要多突出重点工作，根据工作本身内在的逻辑线索一一呈现。为了让成果更加直观地呈现，还可以采用具体的案例作为辅助，让结论更具说服力。例如，重新梳理产品的介绍信息，将产品描述从 150 字减少至 50 字，并且匹配最新的产品照片，这样不仅符合目标客户群体的认知习惯，同时还增加了客户对产品 50% 的记忆效果。前半句列举了重点工作，后半句则通过具体案例描述，阐明工作的成果。

此外，还可以借用数据和图表，让工作内容具体化、明确化。数据不仅具有精准呈现的说服力，还能够让人看到工作内容之间的关联性。通过具体呈现自己完成了多少份额的工作，创造了多少业绩，达成了多少个客户的合作等，还能够体现你的思维模式。

### 第三，呈现工作中的亮点。

在总结的这个部分，需要明确地传递出一个信息：为了完成这段时间的工作内容，你做到了什么。比如，采取了不同的行销策略；拟写了新的宣传文案；细分客户需求，对市场有了新的策划。这不仅是工作中的创新，也是工作中的思考与实践。

工作亮点能够体现工作成果，并且表明总结的意义。可以说，它呈现的不仅是工作的亮点，也是总结的亮点，以自己的实际工作作为检验，强调自己工作中做出的贡献，通过对比，提炼经验，找出规律和解决方案。

**第四，列出不足，思考应对策略。**

在呈现亮点的同时，还要总结不足，对照工作计划，对于未落实到位的工作，实事求是地分析原因，思考应对方法，为接下来的工作提供参考。

例如，某项工作只完成了30%，原因是怎样的，对此你的思考和规划是怎样的，接下来你将会做出怎样的调整。这一部分内容要有理有据，以系统、整体的思维模式看待任务和职责。

总之，一个好的总结需要层次分明，条理清晰。在进行总结之前，应提前整理思路，制作总结大纲，从全局出发，检查每一个部分之间的关联逻辑。在日常的工作中随时复盘梳理，留存工作痕迹，整理好与工作有关的资料和数据，是写好年终总结的基础。在进行总结的时候，根据工作资料的梳理，筛选出重点工作，形成工作成果的数据。

总结能力是每个领导者必备的能力。能做好总结的人不一定都是领导者，但是做不好总结的人无法胜任领导者。

# 不背猴子，不帮助他人做决策

在工作和生活中，我们都曾经遇到过这样的咨询：这件事我是用 A 方案好，还是 B 方案好呢？这次我是选择这样做，还是那样做呢？

很多人的反应是，根据自己的经验和理解，直接告诉对方如何选择。他们认为这样既可以彰显自己的能力，同时也能够帮对方快速地解决问题。然而，这样的处理方式往往会带来更多的问题。当我们直接给出答案的时候，会得到对方的肯定与称赞，那一瞬间我们会感到高兴，觉得自己被崇拜。但是从此以后，对方可能就把越来越多的事情交给你来决定，由你进行决断，你又会怎样呢？你大概是不会感受到越来越多成就感的，相反，只会产生越来越多的疲惫感。也或者，当你的答案与对方的期待并不相符时，反而会给对方造成更大的困惑，带来更多的争端。

就像我们在景区中经常会看见的一幕，父母带着孩子、老人出来游玩，觉得孩子太小，无法看管手里的水壶，担心会在玩的时候不知道把水壶丢到哪里去，一会儿口渴的时候没有水喝，于是把孩子的水壶连同自己的水壶都挂在自己的身上，又担心老人年纪大了，记忆力不好，认为让老人带着证件或钱包，可能会忘记放在哪里，用的时候找不到，于是把所有的证件都放在自己的身上，还想着另一半体力不如自己，背着背包逛来逛去，很快就会累，于是又把背包放在了自己身上……结果，一趟出游结束，完全没有达到放松和愉悦，反而使自己疲惫不堪，一肚子委屈。

因为这时候，我们犯了一个"背猴子"的错误。"背上的猴子"是威廉姆·翁肯提出来的一个有趣的理论。他把他人的疑问、行为比喻成猴子，如果是属于对方的事情，我们却承担起来，就好像把对方的猴子背在了身上。久而久之，我们会被背上的猴子束缚、拖累。小孩子固然贪玩，但是水壶是自己的，他需要为自己负责；老人可能会忘东忘西，但是他会有自己的方法处理这种情况；另一半也许感到疲惫，但我们可以调整行程。这样，每个人都可以承担起自己的责任，也都可以享受快乐。

要避免背上别人的猴子，那么在对方提出疑问，需要我们做出判断的时候，我们可以这样回答："如果想得到某种结果，我相信你的智慧，你再思考一下，到底是用 A 方案好，还是 B 方案好？"或者转述、重复对方的困惑和问题，让对方听到自己的疑问，帮助对方理解自己的困惑在哪里。把疑问重新还给对方："你有没有发现陷入了什么样的困境里？你觉得哪种方案更好？你的疑虑是什么？你的想法是什么？"

当对方表达自己的想法的时候，需要梳理、总结、判断他的思考维度和高度，了解他真实的困惑在哪里，再反馈给对方，让他进行思考和选择："其实你可以做出决定的，不妨按照你的想法去尝试。"

这种思维的转变是尊重，也是成长。在做出判断的时候，要相信对方多过相信自己。只有相信对方有那样的能力，他才会得到成长。

成长是任何人不能替代的，我们可以为别人回答一个问题、两个问题，但是不能永远替他人做决定。否则，他们会认为你是可以替代他思考的，你可以为他善后。他对你的依赖会越来越大，而你身上背着的猴子也会越来越多。最后，就算你的力气全部耗尽，他也没有得到进步，甚至问题依旧。

每个人都是独立的个体，当有人求助的时候，我们要把别人当别人，这就是"无关的智慧"，正所谓"无关生智，局外生慧"，凡事当局者迷，旁观者清。如果我们也陷入问题之中，纠缠于对方的疑问时，就是把自己等同于他人，不但混淆了对方，也混淆了自己。

因此，当面对询问，需要做出判断和决策的时候，被问者要将思维提升到一个高度，跳出局外，不要轻易为他人给出答案。

# 营销五步法，助你讲好营销故事

在营销的过程中，存在这样一个宝典，它不仅可以应对一对一的销售，也可以应对一对多的批发。这个方法就是"营销五步法"，如图 6-3 所示。

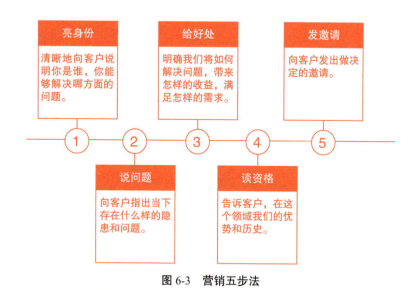

图 6-3　营销五步法

**第一步，亮身份**。清晰地向客户说明你是谁，你能够解决哪方面的问题。

在亮明身份的时候，不必急于介绍自己的姓名、年龄、籍贯等基础信息，而是要着重向客户说明你的产品或机构能够应对哪方面的问题。例如，"我致力于帮助大家提升公众号阅读量和订阅量，可以让一个公众号在三个月内阅读量超过十万"，再说"我的名字是什么，我来自哪里"。

**第二步，说问题**。向客户指出他当下存在什么隐患或问题。

这一步非常重要，我们不仅要指出问题，还需要进一步指出，如果这些问题不解决，将会导致什么样的严重后果。不仅要帮助对方发现痛点，还要引发客户逃离这个痛点的迫切感。通常情况下，一个人的显性需求不难了解，例如当我们身体不舒服去药店买药时，我们只会关注到当前不舒服的部位，不会意识到其实可能还有其他的问题。在营销时，如果能够发现客户的隐性需求，就可以促进交易的达成。在我们走进药店的时候，医生会进行问诊，并且进一步指出我们除了当前显现的症状之外还隐含了其他问题。在营销的时候，我们也要成为这样的专家，提前了解，及时发现客户更深层次的需求。

**第三步，给好处**。明确我们将如何解决问题，会带来怎样的收益，满足怎样的需求。

在向客户"给出好处"的时候，可以通过提问的方式进行，比如，你想不想达成这样的心愿？想不想得到这样的结果？或者告诉客户，这不仅可以解决你的问题，你的家人也会因此很开心。

给好处的措辞需要非常精准，例如降低成本、增加效益、扩大市场、增加利润、获得人脉，等等，要符合客户最想达成的结果。

**第四步，谈资格。**告诉客户，在这个领域我们的优势和历史经验。

当客户开始思考，准备行动的时候，首先出现的念头就是凭什么我要相信你，为什么要选择你。而这个问题的答案就是你的资格。从老板的价值观、公司的历史与发展、技术的优势、团队的优势、包装的优势等进行介绍，公司的企业文化和愿景足以证明我值得客户选择。如果公司的创始人有良好的口碑或具有独特的气质，也可以从创始人这个方面着手。

总之，通过谈资格建立与客户之间的信任。

**第五步，发邀请。**向客户发出做决定的邀请。

再次陈述："过去的这段时间，因为你面临了什么样的问题，你痛苦吗？过去的这段时间，因为你没有怎样做，你失去了多少资源，你还想继续吗？你要做决定了吗？"

最后，运用通用结束语，可以这样表达："如果做决定的不是你，那又会是谁呢？如果不是现在，那又会是什么时候呢？"

营销的过程是一种价值的主张，是一种信念，也是一种利他的行为。遵循营销五步法，我们现在可以做一个练习：

假设，你是一个机构负责人，你的机构的主营业务是产后妈妈身材恢复。你会如何运用五步法进行营销表达呢？

参考表达：

在这个世界上，再伟大的男人都是女人生的，所以请在座的男生把掌声送给每一位女生。有人说有一双手推动了民族前进，这双手也是推动摇篮的手。请在座的已经成为妈妈的女士举一下手，再请即将成为妈妈或未来准备成为妈妈的女士举一下手。生过宝宝的妈妈有没有这样的烦恼：原来是 S 型的身材，但是生完孩子后变得臃肿变形；原来自己皮肤白里透红，生完宝宝以后都被叫作"麻球阿姨"。有些妈妈尝试增加运动量，有些妈妈使用很多营养品，可是都没有见效。

如果有一套方法可以帮你迅速地回到曼妙婀娜的身材，还可以让你的身体越来越健康，各位要不要了解一下呢？我们公司做这个行业已经有十年了，我们为超过一万名产后妈妈迅速恢复了身材。各位妈妈，你们都很伟大，所以我觉得每个女人都有资格重返人生的舞台，拥有曼妙的身材。我们过去坚持，未来也会依然坚持。如果你也想成为更好的自己，请联系我……

## 第六节

# 储存应变故事，应对临场提问

在演讲的过程中，被提问是不可避免的。

记得我刚开始做培训的时候，现场有个人突然站起来，大声说："你不要讲了，总是讲卡耐基，你这是崇洋媚外！"当时我听到这句话感到有些意外，不过我并没有表现出慌张或尴尬，而是对他说："谢谢这位大哥给我提出了一个很中肯的建议，您的意思是希望我举一些中国企业家和名人演讲的例子，是吗？真是太棒了，我觉得这位大哥非常爱国，我们要给他掌声鼓励一下。而且，你真的很厉害，接下来我正要举国内企业家的例子，所以再次给你掌声鼓励一下。在此，我还要跟大家分享和强调的是，余歌演讲的使命是让世界听见每一个人的声音。余歌演讲的价值观是每个人的声音都值得被温柔以待。我也特别感谢我们的学员，因为他们不断地给我建议，让我一直坚持了这么多年。我们再一次借大家的掌声给这位同学，再鼓励他一下。"

这时，现场又一次响起了掌声，听众也继续跟随我的内容听了下去。

在演讲过程中，如果被提问，可以使用这样一些应对技巧：首先表示感谢，并重复对方的语言，在表达尊重的同时弄清对方的问题。

然后，了解对方的动机，从正向的角度看待这个问题。从前面的例子看，当时的提问者并不仅仅是表达疑惑，甚至有些不满，因为他的用词是"崇洋媚外"，但我并没有进行辩解，而是对此重新进行定义和解读。注意，重新定义，是从正向的角度来表述对方的问题，并不是曲解对方的意思。例如对方提出，"你讲的都是骗人的，听不懂，不听了！"那么再次定义可以是：你的意思是希望我能够把刚才的内容讲得再清晰一些、细致一些，这样更便于理解，对吗？

接着，再次正面肯定对方的动机。就像这个案例中的情况，我对这位提出异议的学员进行了赋能，进一步肯定他的积极动机。从积极的角度进行回应和互动。例如，我们可以说，我觉得这位提问者也代表了在座很多有疑惑的伙伴的心声，感谢这位提问者的直接，可以让我们的内容更加清晰。

最后，再次表示感谢，和对方建立信任。通过强调自己的观念和理念，表达对方并没有偏离演讲的内容，也在呈现演讲的主题。这时候，不论是提问者，还是其他的听众，都还是会跟随演讲者所讲的内容听下去，并且更加认同演讲者的表达。

如果提问者问出了一个演讲者并不熟悉，或是一时间还没有理清思路，不知道该如何回应的问题。那么你千万不要慌张，不要觉得这个人是在故意找碴儿、挑刺。否则你会陷入慌张，打乱自己的演讲节奏，甚至无法继续演讲。这个时候，可以使用共同创造的方法。

当有人提出了问题，首先肯定这是一个好问题，然后把现场的其他听众当作支持资源。演讲者可以将这个问题在此时抛给所有听众：这是一个很好的问题，那么这位同学，你怎么看？那位同学有没有什么想法？当已经获得了一些答案时，再次询问提问者，这几个回答你满意吗？如果他满意，那么引导大家将掌声送给刚才回答的听众；如果不是很满意，那依旧可以继续询问下去。

共同创造法有助于演讲者缓解当下的不良体验和负面感受，也有助于将焦点转移，把一个人的输出转变为双向以及多向的互动。而且，在这个过程中，演讲者也可以有时间整理思路，调整自己的状态，给提问者进行反馈。

当然，如果提问者提出的问题没有人能够回答，并且超出了演讲者的知识储备。那么，演讲者需要做到坦诚："我会在课后收集相关的资料，并且去拜访相关专业的人士，再给你做出反馈，好吗？"

每一个人的行为背后都存在动机，动机有利于我们理解行为的逻辑，但是动机并没有好坏之分。提问者的行为背后也有属于自己的动机，我们需要去发现，并做出积极正向的认同。在演讲中，保持坦诚相待的态度，锻炼随机应变的能力。

# 做到 3 件事，让你轻松应对人生关键时刻

人生中的关键时刻有很多，无法一一列举，但面对这些关键时刻时，都应做好策略上的准备。根据我多年的观察和经验总结下来，其实做到以下三件事，能够帮助我们应对所有的关键时刻：

**第一件事：不要沉默。**

如果在发言的场合突然忘词了，或者意外被叫到大家面前时，实在不晓得说什么，那么我提醒你，此时千万不可以沉默。你至少要学会跟台下人互动一句，比如"大家好！"或者告诉大家："此刻的我好紧张啊，各位可不可以给我掌声鼓励一下？"毕竟听众是来聆听的，不是来阅读的。

在情绪紧张的时候，大脑一片空白是生理层面的本能反应。这种情况每个人都会有，但是如果选择完全遵从身体的反应，就站在那里沉默着，那么你看上去就显得好呆。

这时候，我们需要让身体的紧张快速缓解。深深地吸一口气，再缓缓地吐出去。然后在大家的视线容易忽略的地方，紧紧地攥住拳头，绷紧 3 秒钟，再迅速松开。将鞋子里的脚趾也像攥紧拳头一样蜷缩绷紧，保持 3 秒钟，再迅速松开。这就是行为心理学中快速调节情绪的放松练习。心理学的研究发现，当人们出现情绪反应时，还会伴随各种生理层面的兴奋，例如呼吸变快、血液循环加速、皮肤温度升高，等等。如果通过相应的方式将生理兴奋的程度加以缓和，情绪反应的激烈程度也会下降。当我们的紧张、恐惧、羞赧的程度降低后，大脑的空白也会退去。

不论是在怎样的场合，在怎样的关键时刻，即便语言表达并不流畅，即便所说的内容很普通，也记住不要沉默。

### 第二件事：与现场的人建立联结。

有的人在表达的时候，虽然自己十分投入，听的人却似乎并不那么在意。这是因为所讲的内容与听众之间缺少联结。

那么，如何进行联结呢？

一是和所在的地方建立起联结："听说厦门是一座非常漂亮的城市，城市跟居民的颜值都很高，今天进来的时候看到各位，果然颜值都很高，真的很开心。昨天跟鼓浪屿的一个朋友聊天时，朋友说鼓浪屿每一户人家都有一架钢琴，是名副其实的钢琴之岛，今天非常开心能够来到美丽的钢琴之岛。"

二是讲述能够引起听众共鸣的经历。亚马逊的 CEO 杰夫·贝佐斯在普林斯顿大学的演讲中，就讲述了一段童年时和祖父母生活在一起的经历。他说："在我还是一个孩子的时候，夏天大部分时间是在德州祖父母的农场中度过的。我帮祖父母修理风车，为牛接种疫苗，也做其他家务。每天下午，我们都会看肥皂剧……"这些事情和当时听众中很多人的童年经历相似，很快就引起大家的共鸣和认同。

不论是在哪种表达场景，快速与听者建立联结，不仅能够吸引对方的关注，也能够在情感上与对方产生共鸣。更有助于表达的效果。

**第三件事：培养谦卑的权威，建立不骄傲的自信。**

那些让我们紧张的关键时刻，往往都发生在让我们感到压力的情境。我们期待能够在这些情境中表现完美。然而，完美是一个伪命题，并不存在完美的人，也不存在完美的结局。要想应对这些情境，我们需要放弃完美期待，接受自己的不足。

我们要接受自己的身高并不高，接受自己的慢慢衰老，接受自己并不懂得英文，接受自己不擅长某些领域。我们要培养谦卑的权威，建立不骄傲的自信，成为有缺陷却独一无二的自己。

在关键情境中，所有的人都在无形中对我们产生一种"咄咄逼人"的架势。但此时我们不可以着急，也不必焦虑。我们依然可以保持风度。不必愤怒，我们的言语可以充满力量，不必发飙，我们的举手投足间可以传递出一种态度，一种内心的境界。也就是要永远欣赏他人，尊敬他人，但不盲目崇拜他人。在练习应对技巧之前，要先完成内心的平和。

故事只有在与听众的反馈

相匹配时，

才能展现出它真正的魅力。

# 7个非言语练习，让你成为有感染力的故事大师

演讲者应该让听众进入演讲的情境中，让演讲的主题思想对听众产生影响，而不是让演讲成为一场毫无意义的"独角戏"。

# 找到你的声音优势

评判一个演讲是否有魅力，通常涉及三个维度：演讲的内容、呈现的视觉和听觉效果。

视觉包括眼神、表情、肢体、动作。

听觉包括声音、语调、语气、语速、节奏。

无论是哪一种主题的演讲稿，其中都包括陈述句、疑问句、感叹句，包括过渡语句和重点内容，还包括情绪的表达和逻辑的推理。如果演讲的过程中声音一成不变，再精彩的内容也不会引起听众的兴趣。就像很多学生在课堂中溜号、犯困，并不是因为老师的授课内容不够专业，而是老师没有运用语言艺术。

我们演讲之前，一定要熟悉自己的声音情况。要了解自己的声音，不仅需要我们做发声练习，还需要我们能够听到声音的反馈。我们可以将自己的声音录下来，觉察音色和音调，也可以找几个试听的听众，试讲一段内容后，听取大家的反馈。

每个人都有自己的独特声线。通过专业的发声训练，可以让我们的声音听起来更有底气，声调更好听。此外，还可以通过声音的控制，进一步对演讲进行控场，拥有掌控全场的能力，能使演讲产生好的效果。

演讲过程中的重音变化能够传递关键信息。在一句话的表述中，通过逻辑重音，可以突出某些关键词和关键段落。不同的重音会传递不同的信息。

例如，雷军在 2023 年 8 月的一次演讲中，说过这样一句话："梦想的力量极其强大，我想尽办法，把各种不可能的事情变成了可能。这段经历为我以后的人生奠定了坚实的基础。"如果在表达的时候，加重"不可能的事情"和"可能"，那么强调的是前后的对比与变化，强调梦想的力量。如果加重了"想尽办法"和"变成了"，则强调了付出的辛苦与坚持。因此，我们的演讲过程中，声音的轻重有助于重点内容的表达。

演讲过程中，语速的快慢变化，能够营造美感，激发听众的情绪反应。通常，演讲者的语速需要自然、顺畅、适宜、快慢有致。过快的语速会引起听众的焦虑，甚至无法跟上演讲者的内容；过慢的语速会让听众倍感无聊，无法集中注意力；没有变化的语速则会让听众厌烦。

美国第 43 任总统小布什在父亲的葬礼上，曾有过一段让很多人动容的致辞。起初，他使用舒缓的音调，回忆父亲的生平，很好地匹配了当时的环境和心境。但是在致辞的最后，他的语速逐渐加快，他说："父亲，我们将会记住你，而且我们会一直想念你。你的正派、真诚和善良的灵魂将永远留在我们身边。因此，在悲伤的同时，让我们享受这份能够认识你和爱你的福分，你是位伟大而高尚的人。你是作为儿女可以拥有的最好的父亲。"然后，他尽可能地使用轻松的语调说道："在悲痛中，让我们微笑，因为我们知道父亲正抱着罗宾，也再次拉着母亲的手。"时而深沉时而缓慢，不仅流露出对父亲的不舍，也表达了对父亲的敬重。

演讲过程中语调的高低，可以调控演讲的节奏。演讲者的音调要有高低变化。句子的调值要从低到高，在句尾达到最高。一般情况下，疑问句多用高音，陈述句、感叹句、祈使句多用低音。演讲者为了更好地传达情感，必须对音调的高低进行调整，不能一味地使用高音，也不能一直使用低音，声音的高低要随情感而变。例如，演讲者声音突然提高一个度，很可能会让开小差的、打瞌睡的听众突然惊醒，然后认真听讲；或者突然降低音量，抑或停顿时间长一些，然后你会发现，现场慢慢安静下来，交头接耳的人也会停止讲话。

俗话说相由心生，声音也是一样，音由心生，声由人造。心有善念，方可舌灿莲花。如果稿件写好了，但是心中没有谦卑，语气就会很生硬；心中没有慈悲，语气大多是埋怨的；只有心中很淡定的人，语气才是笃定的。声音在演讲的过程中十分重要。当我们准备了很好的内容，拥有了很好的稿件，再加上温和的声音、笃定的语气，那么这样的演讲一定能够打动听众的心。

# 善用肢体语言来增加故事的渲染效果

美国加利福尼亚大学的阿尔伯特·梅拉宾教授曾经提出了一个心理法则，叫"梅拉宾法则"，他在研究中发现，在我们与他人谈话的过程中，给他人留下的印象受到我们表现的影响。而行为表现产生的影响占比并不均等，谈话的语言与内容的影响仅占到7%，音量、音质、语速、节奏的影响可达38%，眼神、表情、动作等形象因素的影响则高达55%。

因此，很多演讲者都很注重训练肢体语言，练习通过肢体语言改变演讲的效果，增加故事的渲染性。

古希腊有一位伟大的演讲家和雄辩家，名字叫作德摩斯梯尼。在他年轻的时候，曾有一个肢体上的坏习惯，就是在说话的时候总喜欢耸肩。这个习惯导致他第一次在大众面前演讲的时候，曾遭到了听众的嘲笑，甚至有人起哄让他下去，毕竟不断耸肩的动作让这位年轻的演讲家看上去缺乏说服力。为了改掉这个习惯，减少肢体动作带来的干扰，他在家里安装了一面大的全身镜，每天对着镜子进行训练，不断观察和调整自己讲话时候的肢体表现。甚至为了让自己在说话时不再耸肩，德摩斯梯尼在肩膀上方悬挂了一把利剑，只要自己做出耸肩的动作，剑就会扎到身上。最终，他改掉了这个毛病，并最终成为一名优秀的演讲家。

现代心理学的研究发现，大脑是心理的器官，是身体的控制中枢。我们的各种情绪、感受都可以通过控制大脑的神经元来做出调整。但是这并不意味着身体是大脑的傀儡，身体反应与大脑之间是相互影响的。我们的心理和行为也并不总是"知而后行"，还存在很多先行而后知的情况。我们的身体，包括各种肢体的动作也会影响我们的思维和他人的行为。

比如如果面部长时间无法做出皱眉头的动作，就会有利于减少负面情绪的扩张；扩张身体的姿势会让我们更自信，更愿意做出一些冒险的行为；温暖的身体感觉会让我们产生得到心理安慰的感觉，反之，则会感到空虚寂寞。

比如灵活的手指和敏捷的数学能力相关，配合身体的动作，能够提高我们对词语的理解能力。自由活动的身体更能获得创新的思维。

比如当看到别人打哈欠时，我们也会不由自主地打个哈欠。如果对方双手抱胸，我们也会跟着双手抱胸，这会让对方产生一种我们跟他同步了的感觉，会拉近彼此的距离，建立亲近感。

身体会影响我们的情绪，身体会影响我们的思维，身体会影响我们对他人的理解，所以改变身体姿态，就可以改变思维，改变别人对你的感觉，增强我们在讲故事、讲道理时的渲染力和影响力。

因此，我们要使身体尽量地舒展和释放。

当身体体验到无限的释放时，言语的魅力就会从你的身体里迸发出来。但是我们一直以来受到的教育都提倡内敛、不张扬，所以我们的身体总是收着的。在这里，提供大家一个肢体舒展练习，它有助于大家释放出身体的能量。

这个练习叫"稀奇操"。这段操有一个口诀，口诀的内容是："稀奇稀奇真稀奇，麻雀踩死老母鸡，蚂蚁身长三尺六，八十岁的老头躺在摇篮里"。我们要做的是为口诀中的每一个词配上动作，例如"稀奇"配上拍手或拍大腿的动作，好像在说八卦时候的动作；"麻雀"配上伸出一只手的动作，"三尺六"配上双手伸展，比量尺寸的动作……然后，根据口诀，边读边做出动作。每个动作都要舒展，速度可以放慢。

如果在每天清晨的时候把这个操练习五分钟左右，持续20天，你的肢体一定会更加放松。

演讲不只是读稿，解放也不只是一个稿件的解放，而是灵魂的解放，是自我的一种解放。一个人内在有多么的自由，外在就有多么的放松，所以要多练习，才能使我们的肢体变得轻松。这样在讲解产品的时候，我们呈现出的就是愉悦的感觉，客户的感受也不会认为你在卖东西，而是感受到产品带来的喜悦美好。我们对演讲内容的真实想法、对所表达内容是否认同都会通过我们的肢体动作传递出来。

# 设计加分的手势

手势是演讲者使用频率最高的信息传播方式。

手势能够强化信息的传播。如果我们有机会观察两个通过手语交流的人会发现，即便没有声音，手势也完全可以传递信息。在日常生活中，我们使用不同的手势表示不同的含义。比如打招呼、告别、表达敬意和歉意的时候，如果配合手势，要比没有手势更加能够表达我们的想法。

通常，手向里、向前、向上移动，通常表示肯定、积极，如信念、成功、希望；手向外、向后、向下移动，则代表否定、消极，如指责、轻视、落后。有时候，相比语言，听众会更加能够体会到手势传递出的信息。

手势也可以强化情感的表达和提高对听众的吸引力。在沟通与交流的过程中，人们往往习惯观察对方的非言语信息，并且认为非言语信息传递的是更真实的想法。因此，在演讲中合适的手势能够渲染现场的气氛，而不适宜的动作则会破坏气氛。

手势还可以帮助我们控制演讲的节奏。比如，强烈的情感表达要使用幅度大、力度大的手势。我们可以在有听众参与互动、回答问题的时候，做出鼓掌的手势，并且通过演讲者的双手不放下来掌控掌声的热烈程度和持续时间。尤其在引导听众的时候，手势还可以起到鼓励的作用。

手势在演讲中的应用多具有个人色彩，演讲中的手势语也是多种多样的，但是仍然能够总结出一些规律。

**第一，手势要自然。**演讲中的手势应用并没有严格的要求或者规定，而是根据演讲内容、演讲者的个人偏好及其感情表达需要进行选择的。而情绪的积累、渲染及情感爆发有赖于演讲者当场的呈现，主要源自其内心的诉求，所以要遵循自然原则，不要追求刻意的效果。我们可以使用德摩斯梯尼的方法，对照镜子进行练习，将选定的手势练习成为自然的习惯，并去除掉不必要的、不适合的手势。

**第二，手势的选择要考虑听众的文化背景。**随着科技的发展，现在的信息传播速度非常快，网络环境中更是随时在为词汇和动作创造新的含义。我们要尽可能地选择具备共同认知和理解的手势，避免一些小众的有歧义的手势。

**第三，手势要配合演讲的内容和情境。**例如，演讲者要表达声讨、呼吁或向听众勾勒未来蓝图时，应将手抬到肩部以上，以振臂疾呼的方式来表达强烈的情绪；当演讲者的手放至腹部到肩部中间的位置时，大多是在进行事实讲解，内心情感相对而言不是太强烈。

**第四，注意手势与手臂之间的角度。**通常而言，在演讲的过程中，肘关节要高过腰肌以上；大臂和小臂要张开，也就是肘关节要张开75度以上；手势呈现的力度要与演讲的内容一致。

总之，适合的手势能够在演讲过程中加分，而不适合的手势则会为演讲者减分。在演讲之前，我们不仅要熟悉演讲的内容，更要为演讲内容的呈现设计必要的手势。如果了解自己的手势，加以合理运用，你的演讲就一定会充满魅力。

# 表现需要控场，呈现需要造场

演讲看似一个人的主场，却并非人人都能掌控得了。要想在演讲的过程中达到良好的效果，我们还需要懂得控场和造场。

控场的方式可以通过目光、动作、对话来实现。

目光控场，即通过目光定点进行强化。演讲者的目光到哪里，影响力就到哪里。美国的第四十任总统里根，曾经做过演员，拥有高超的表演技巧，所以在每次演讲的时候，他都会充分运用"目光语"。在演讲之外，他会通过目光进行控场。有时，他的目光就像聚光灯一般，聚集到全场的某个角落，视线停留 3 秒钟以上；有时，他的目光则像探照灯一样，扫遍全场，从每一位听众身上扫过。这样的目光增加了和台下听众的眼神交流，也建立起彼此的联结。

不可否认，无论演讲者讲得多好，在听众中都难免会有人交头接耳或玩着手机心不在焉。如果对此置之不理，可能还会影响其他人听演讲的效果，这时演讲者只需要将目光移到他们身上，面带微笑地看着他们，很快交头接耳的人就会感到不好意思，进而安静下来。可以说，目光控场是最便捷有效的控场方式。

动作控场的时候，相对来说需要演讲人做出比较大幅度的动作或使用必要的道具，这需要演讲人事先做好准备。

例如，有一位生产童鞋的厂商，在演讲的过程中，他讲到自家生产的童鞋全部都经过自己的女儿穿过和试验过，在投入市场之前，对鞋子的舒适度、款式以及颜色都经过了反复的调研和实验。当时很多听众对此将信将疑，甚至开始交头接耳，互相讨论，会场一下子就混乱起来。这时候，这名厂商顺势播放了一段视频，内容就是女儿在每个成长阶段的试鞋过程，视频中的女儿表达着自己对鞋子的感受和评价。这段视频清晰且直观地呈现了这位厂商所表达的内容，用事实说话，证实了自己产品的质量，也证实了自己的做鞋理念。很快，现场的秩序就重归正常，他也有效地控制住了全场。

动作控场还适用于提醒和唤回在开小差或打瞌睡的人。例如，演讲者可以自嘲一下自己"我从小就是一个缺乏爱与鼓励的人，所以不怎么自信，据说掌声可以让人产生自信，不知道各位能否帮我验证一下？"通常这个时候，听众都会配合地鼓掌，而这样也会带动所有的人。或者，演讲者根据演讲的内容或间隙夸张地双击一下手掌，制造声响，转动身体，呈现某种肢体形态。不仅可以叫醒打瞌睡或开小差的人，同时大幅度的动作也可以有效吸引其他观众的注意力。

对话控场需要演讲者有灵活应变的能力。通过简单的对话应对突发情况或吸引听众的关注。例如，在演讲的过程中，一位听众的手机铃声突然响起来，突然的声响不仅打断了演讲的话语，还会让大家的注意力转移。这时候演讲者可以说："看来这个手机也非常赞同我的观点，正在用音乐做出热烈的回应。我们也用热烈的掌声呼应一下！"一句简单的调侃，不仅缓解了现场的尴尬，还能活跃气氛，同时也让其他观众意识到听讲时手机应该设为静音或震动。接下来，相信现场基本上就不会有手机再响了。

这种穿插的对话需要注意的是，内容一定要同话题有关，能够起到说明、交代、补充的作用；同时穿插的内容要适度，不可过多，喧宾夺主，致使中心旁移；衔接也要自然，切不可让人觉得勉强或节外生枝。演讲者通过对话控场，是通过与现场听众对话，与他们共同驾驭整个现场。

演讲者控场的目的并不是让听众麻木地顺从，而是要运用各种途径感染每位听众，营造出热烈的会场气氛，控场的同时，还需要造场，以获得听众强烈的回应。乔布斯在进行产品发布的时候，每一个用词、语气和表情都在表达着对自己产品的无比认同，对不断实现改变世界理念的激动，听众自然而然地会被他感染。

造场的秘诀就是全情投入，以自己的情感激发听众的情感。情绪是具有感染性的。那些能够打动人的演讲都是情感充沛的。一场好的演讲不仅能够吸引听众的注意力，还会激发观众的情感共鸣。

# 调动听众全情投入

要调动听者的全情投入，可以从这样几个角度进行：

**首先，通过设置问题，增加交流感。**

交流感是演讲者引导听众产生的一种积极的参与欲望。卡耐基在《语言的突破》里说，问问题和获取答案是他最喜爱的让听众参与演讲的方法。

演讲者是面鼓，听众是鼓槌，听众越热情，这个鼓才会越响。热情不仅可以提升听众的积极性，激发其学习欲望，还会使他们越学越有欲望，越学越快乐；听众的热情还可以激发演讲者的热情，把演讲推向高潮。演讲的成功秘诀就是听众，所以在演讲中，你可以尝试把一个观点变成一系列与之相关的问题，不断地向听众发问。

演讲者要学会做"教练"。学会问问题，却不给答案。鼓励听众有问必答。当提出问题的时候，与听众有眼神交流，注意视线的移动，照顾到全场的听众。练习分解观点提出问题，并在听众给出答案的时候给予肯定和掌声。

在演讲中留下谜题似的话题，把听众的心牢牢地扣在主题中。制造问题，就是让听众在心中自问自答，并且专心地等待接下来的内容，让演讲者与听众一起制造气氛，融为一体。例如，在阐述了一个观点之后，询问"大家认不认同？"通过简单的一个小问题，让沉默的人发言，让现场产生了互动。再比如，讲述自己过往的一个经验时，抛出引导性的问题，比如"大家过去有没有这样的困惑或者这样的经验呢？"让现场的听众将讨论聚集在同一焦点，也带动了经验分享。

当提出问题时，一定要采用正面的措辞和中立的口吻，避免负面的词语与逼迫、强加的口气，否则会影响听众的思考。可以使用的典型问题包括请求给予解释的提问，例如"怎样才能达到那种效果呢？"；需要听众进一步探讨的提问，例如"如果……，那会怎样呢？"

在提问之后，不要马上给出答案，应采取适时的停顿，引导听众得出结论。在演讲的过程中，适当的停顿可以给听众思考的时间，有助于启发和引导听众。

**其次，在演讲的过程中引入神经语言。**

神经语言包括多种感觉、直觉和思维在内的演讲表现形式。在演讲过程中遵循"二八定律"，即一个成功的演讲中，只有20%取决于演讲的内容，80%取决于演讲的表现形式。

要增强演讲的效果，必须得引入一些神经语言。

听觉层面的表现形式包括声音和音乐，例如前文提到过的演讲者的声音、话筒的音质音量、演讲时的语速、演讲内容的节奏变化等听觉层面的表现形式，以及在演讲者上场、下场，演讲开始、结束甚至中场休息时播放的音乐。

视觉层面的形式包括现场的灯光，周围的色彩以及演讲者的肢体语言、手势动作，等等。

触觉层面的表现形式包括小游戏、小互动产生的接触，和以此营造出的轻松、愉悦的氛围及演讲现场的温度，这些都能够调动听者的情绪和兴趣。

高级神经语言：人类独有的一种高级神经语言——想象和情感。这在演讲过程中也是十分重要的。要使想象与情感能够调动起来，演讲者就需要与听众建立起深度的信任。在演讲过程中让自己与听众先平静下来，通过情感类潜意识背景音乐、真实、简练、易引起共鸣的语言、低沉低速低姿态的声音等引起听众潜意识觉醒，进行积极、热情等各种正面的暗示。演讲者要心怀对未来的美好向往，并把这种向往和希望传递给听众。无论演讲的目的是宣传产品，还是交流经验，都应该给人们以正面的力量为导向，以积极的思维为导向。

正如卡耐基所说："尽力培养出一种能力，让别人能够看到你的脑海和心灵。学会在个人面前、在人群当中、在舞台上，清晰地传达自己的思想和意念给别人。在你努力这样做并不断取得进步的过程中，你会发觉，你——真正的自我，正在人们心目中塑造一种前所未有的形象，产生前所未有的震击。"

# 如何从自嗨转向一起嗨

　　演讲者的"联结思维"需要贯穿整个演讲过程，新时代的演讲实际上就是一种"互动"，演讲者应该让听众参与到演讲的情境中，让演讲的主题思想对听众产生影响，而不是让演讲成为一场毫无意义的"独角戏"。

　　Facebook 首席运营官谢丽尔·桑德伯格极为推崇的演讲教练比尔发现，演讲成功的关键不在于你在台上的表现是否无懈可击，而在于你是否与听众建立了联结。听众决定了演讲的内容，这是所有演讲者都应当在演讲中遵循的原则。

　　想要满足听众的需求，首先要对听众的需求有所了解。心理学家马斯洛将人的需求分为五个等级，从最初级到最高级分别为：生理需求、安全需求、社交需求、尊重需求和自我实现需求。

　　生理需求就是指生理上的需求，是人们最原始、最基本的需求，比如对空气、水、吃饭、穿衣、性欲、住宅、医疗等的需求。如果这些需求不能满足，就会有生命危险，这是最强烈、不可避免的最底层的需求，也是推动人们行动的强大动力。

安全需求包括劳动安全、职业安全、生活稳定、希望免于灾难、希望未来有保障等。安全需求比生理需求高一级，当生理需求得到满足以后就要保障这种需求。每一个在现实中生活的人，都会产生安全感的欲望、自由的欲望、防御的欲望。

社交需求也叫归属与爱的需求，是指一个人渴望得到家庭、团体、朋友、同事的关怀爱护和理解，是对友情、信任温暖、爱情的需求。社交的需求比生理和安全需求更细微、更难捉摸。与一个人的性格、经历、生活区域、民族、生活习惯、宗教信仰等都有关系。

尊重需求可分为自尊、他尊和权力欲三类，具体包括自我尊重、自我评价以及尊重别人。在生活中，一个人的尊重需求很少能够得到完全的满足，但是基本得到满足就可产生行为的推动力。

自我实现的需求是最高等级的需求。满足这种需求就要求完成与自己能力相称的工作，最充分地发挥自己的潜在能力，成为他所期望的人物，这是一种创造出来的需求。自我实现意味着充分、活跃、忘我、用尽全力、全神贯注地体验生活。

在演讲当中，演讲者也应该充分尊重听众的这五个层次的需求。举个例子，比如一个企业家要通过演讲来介绍自己的产品——一款奶粉。在这个演讲的过程中，听众关注的点分别是：

生理需求——这款奶粉的营养成分和营养价值。

安全需求——这款奶粉的质量好，对身体只有益处，没有损害。

社交需求——产品使用的包装及品牌形象等。

尊重需求——使用这款产品能够得到别人的认同，是一种身份的标志。

自我实现需求——产品中蕴含的精神内涵。

听众对于一场演讲的满意程度与演讲者满足其这五类需求的程度息息相关，也就是说，演讲满足听众需求的层次越高，听众就会越满意，反之，则满意度越低。换言之，如果演讲没有满足听众的需求，再精彩的内容也只是演讲者的自嗨。

美国前总统林肯说过："当我准备发言时，总会花三分之二的时间考虑听众想听什么，而只用三分之一的时间考虑我想说什么。时刻谨记同种的需求，就可以将自嗨转变为'一起嗨'。"

# 让听者带走一个故事

丹尼尔·平克的《全新思维》一书中提道："故事力将会是 21 世纪领导者最应具备的能力之一。"我们也不难发现，很多成功的领导者，其实都是讲故事的高手，他们所具备的，除了情商、智商、财商，还有一种世人往往容易忽略的故事力。

学会"讲故事"是一个极好的演讲方式，不管是激励员工，还是谈项目合作的招商演讲或企业文化传播，你都可以通过讲故事来影响他人。把道理埋藏在情景之中，让听众自己品味出其中的道理，听众更能主动去接收演讲者传达的思想。因此，不妨尝试在演讲结束之后，让听众带走一个故事。

那么，应该在演讲中讲一个怎样的故事呢？

答案就是讲你最熟悉的事情就可以，因为真实的故事比起杜撰的故事更加贴近生活，更加具有画面感，也更加能够引起听众的共鸣。

故事的内容可以是：自己的故事、别人的故事、名人的故事、包含哲理的小故事、案例故事，等等。其实并不是我们的脑袋里没有"故事源"，只是我们没有找到而已。我们要拿着放大镜在身上找故事，把自己当作一个导演，好好改写我们的人生剧本，并且把这个剧本精彩演绎一番。

比如，讲哲理故事的演讲过程中要有观念的输入，先破后立，颠覆观众之前的观念，直接导入容易遭到阻碍，这时就得利用故事把你的观念融入进去，因为"世界上最难的事就是把自己的思想装进别人脑袋"，你也会发现，大部分成功者都是讲故事的高手。

再比如，讲案例故事的时候，可以举出在产品销售或招商时的成功案例，给客户一个梦想蓝图，给客户留下一个印象："别人可以，他也可以！"

讲故事最重要的是对何事、何人的讲解，换句话说就是重现场景。重现场景的一个技巧就是表达具体化，只有将描述具体化，才能使听众以一个与你的描述一致的画面进入情节，而不是让听众随意思考，随意思考的结果自然是听众的反应不一致，不一致在社会心理学中，就意味着心理互动的失败。一旦心理互动成功，那么你的演讲也就成功了。

在演讲中讲故事需要选择时机，比较好的时机是开场与结束的时候。

做开场白的时候可以讲故事。一段好的开场白必定少不了一段好的故事，用情节生动、内容新奇的故事作为演讲的开场白，吸引听众的关注。可以达到让听众在听了你的故事以后，还有再继续听下去的动力。这时候，我们可以调动听众的胃口，也可以调动听众的好奇心，与听众建立一个良好的氛围，让听众不得不喜欢上你。

新东方创始人俞敏洪就是讲故事的高手，他曾经说："我觉得人类最重要的能力，其实就是编一个你认为确实能够实现的故事，并且有益于所有人的故事，并且带着大家一起去实现。"所以在他每次的演讲中，他的故事一串串，总能引起听众想要继续听下去的欲望，将听众引入一种忘我或共鸣的境界。

演讲结束时也可以分享故事。好的演讲总能赋予在场听众感染力，让听众感到震撼。所以，演讲者在演讲结束的时候往往可以分享一个故事，这些故事可能大为相似，比如励志、感恩等，虽有不同，但是观众的反应却是同步的。

设想一下，如果你是一家企业的老板，年会结束前，讲述一下你这些年的经历，你的创业史，经历过的多少挫折和心酸，而如今获得如此的成就是因为你相信梦想，坚持不懈努力奋斗，从没放弃。通过你的演讲，你的故事一定能鼓舞听众和员工，一定能激起他们的斗志。

很多优秀的演讲甚至会具有侦探小说般的叙事结构，

演讲者首先引出主题，开始演讲，然后寻求解决问题的方法，直到听众恍然大悟的一刻，听众自会看到这一切叙述的意义。

把理念包装进故事里，把它当作礼物送出去，让听众在听完你的演讲之后带走一个故事，演讲的奇迹就出现了。

第八章

超级故事家，都是倾听大师

没有倾听的演讲是缺乏灵魂的。

# 讲完你的故事，并让听众留下一个故事

演讲不是演讲者的独角戏，所以表达也不是一个人就能完成的。没有倾听的演讲是缺乏灵魂的。一个演讲高手，同时也会是一名倾听高手。

曾经有这样一位顾客，有一次在某百货公司买了一套西服，回家穿了一次之后觉得很失望，因为这套西装竟然掉色，把白衬衣的领子都染黑了。于是顾客回到那家百货公司专柜，找以前卖给他衣服的店员，打算把这种情形告诉店员小姐。在他的话还没有说完的时候，那位店员就插嘴打断他说："这样的衣服我这里卖过几十套，还是第一次听见有人感到不满意。"按照这位店员的意思，是顾客不诚实，故意在她这捣乱。于是说着说着，两个人争辩起来。

就在争执的时候，又走来了另一位店员，解释说："先生，所有的黑色衣服在刚开始穿的时候都难免会有点掉色，这也是没有办法的事情。一分价钱一分货，这种价格买的衣服质量上自然也不会很好，这是工艺和颜料的关系，和我们专卖店没有关系。"听到这里，这位顾客越发感到不满，甚至有点愤怒了。他心想：第一个店员怀疑自己的人品，第二个店员则嘲讽自己买的就是次等货。于是他说话更加大声，想要责问她们。

就在这时，专卖店的部门主任走了过来。这位主任只用10分钟的时间就顺利地解决了这场纠纷，并且使顾客在离开的时候，从恼怒转变成了满意。

这位主任只做了三个件事：

第一，当顾客从头至尾诉说事情的经过时，在此期间主任专注而认真地倾听，并且一言不发，不打断也不辩解。

第二，当顾客说完时，主任又让店员表达她们的意见。然后主任以顾客之前说出的观点以及顾客的立场与两位店员辩论，不仅说顾客的衬衫衣领不该被染黑，而且说他的店员不应该使顾客不满意。

第三，痛快地承认那件衣服存在的问题并表示歉意，并寻求顾客的意愿："您想如何来处置这套衣服，我们一定照办。"

听了部门主任的这番话和处理事情的态度，顾客的不满情绪也变得缓和了很多。在进一步的对话中，他也听取了这位部门主任的建议，再试穿一星期，假如仍不满意，就把它拿来，为顾客退换。当这位顾客回去之后，他再次试穿了一个星期。一个星期后，衣服果然不掉色了。

案例中的问题之所以能够得到顺利解决，就是因为这位主任首先认真地倾听，从而完全掌握了顾客和店员的想法。然后再运用良好的表达技巧，化解了矛盾。

在沟通中，假如你很重视对方，你与对方的感情距离一下子就会拉近很多，而倾听就是最直接的表达重视的方式。在人群中，滔滔不绝讲个不停的人并不一定是最受欢迎的，但是能够认真倾听的人一定是最能够获得信任的人。表达的前提是倾听，演讲的前提也是倾听。只有听，才能够帮助我们了解听众的需求和想法，我们的话语才能够有的放矢。

孔子曾经说过："所信者目也，而目犹不可信；所恃者心也，而心犹不足恃，弟子记之，知人故不易矣。"孔子当年居住在蔡国境内时，正赶上吴国准备讨伐陈国，而楚国要救陈国，这两个实力大国要在陈国的国境内比试实力。楚国打听到孔子的住处后，就派人带着礼品邀请孔子，于是孔子准备前往楚国。但是陈国和蔡国的大夫们慌了神，因为这两国的主事大夫的行事风格一向与孔子的主张不符，孔子得到楚国的重用，而楚国又是陈国的恩人，那么陈国乃至蔡国的大夫以后的日子都不会好过了。于是两国都派了人手，将孔子师徒一行人围困在陈国和蔡国之间的一荒郊旷野处。

孔子和弟子们走也走不了，粮食也不足，很多弟子都病倒了。孔子依旧泰然自若，每天给弟子们讲课，可是学生们因为饥肠辘辘，满腹牢骚。这样过了七天，颜回找到一些米，赶紧煮了起来。在饭快要熟的时候，孔子远远看见颜回居然用手抓取锅中的饭吃。但是孔子并没有当场斥责，只是当作没有看见。

当颜回来请孔子吃饭的时候，孔子才询问他为什么这样做。按理说食物要先献给尊长后弟子才能进食，这是最简单的礼仪，颜回为什么自己先吃呢？

颜回连忙解释说："夫子误会了，我并不是在偷吃，也不是不尊重师长，刚才我是因看见有煤灰掉到锅中，所以把弄脏的饭粒拿起来吃掉。"

孔子听后，叹息道："人最可信的是眼睛，而眼睛也有不可靠的时候；所可依靠的是心，但心也有不可靠的时候。"

如果孔子没有选择先听取颜回的解释，而是当场就开始训诫弟子，那么结果不仅仅是造成了一场误会，还会伤了弟子的心。在生活中，我们很多父母都会犯这样的错误。回到家，看到孩子在厨房里把锅和碗摔了一地，开口第一句话就是批评和指责。当自己把各种批评的话说完，宣泄够了之后，才反问孩子："你说你是怎么想的，怎么这么让我不省心，你说你错哪了？"这个时候，孩子往往都是闭紧嘴巴，什么都不说。事后，家长还会疑惑，为什么孩子越来越不和自己说话，什么事都不告诉自己，也越来越不把自己的话放在心上。就是因为家长一次又一次地剥夺了孩子的表达权利，拒绝倾听，最后自然什么也听不到。

在工作和人际交往中，也是如此。当我们看到下属没有完成任务时，往往就是劈头盖脸一顿宣泄；我们只听到朋友说了一句，我又减肥失败了，就开始唠叨说教。那么结果就是不欢而散。我们无法完全解读一个人的全部行为，只有耐心地倾听，才能了解真相，避免误解彼此。我们的话语再有道理，我们的表达再有含金量，但是如果在不相宜的环境中，也不会发挥作用。

法国文学家伏尔泰说："耳朵是通往心灵的道路。"眼见不一定为实，我们的大脑会先入为主，我们的反应也总会具有个人色彩。只有倾听才能让我们更接近对方的内心。打动人心的演讲从来不是一个人的独角戏，我们从准备到演讲、到听取反馈都离不开倾听。倾听帮助我们了解和满足听众的需求，帮助我们在演讲过程中进行控场，随时应对突发情况，帮助我们获得听众对演讲的反馈，观察大家对我们的表达的真实感受，这样我们才能够不断地进步和成长。

美国科学家富兰克林说过："一个冷静的倾听者，到处都受欢迎；而一个喋喋不休者，像一只漏水的船，每一个乘客都希望赶快逃离它。"在人与人相处的世界里，我们在诉说的同时，也应该将倾听变成我们的生活方式。在这个世界上，没有谁忙到连听别人把话说完的时间都没有，如果你习惯了打断了别人说话，其实你缺的不是时间，你缺的是对倾听重要性的误解，缺的是真正获得成功的秘诀。

一个故事演讲高手，同时也是倾听高手。

# 倾听是获得听众好感的最好工具

卡耐基有一次参加了一场重要的晚宴，在晚宴中，他碰到一位知名的植物学家，并和这位植物学家畅聊起来。晚宴结束的时候，这位植物学家极力地称赞卡耐基，认为他果真是一个很有意思的人，还向晚宴的主人表达谢意，说自己度过了一个愉快的夜晚，遇到了一位能鼓舞人的有趣的谈话高手。

很多人都很好奇卡耐基使用了什么样的沟通策略，这么快就得到一位专家的认可。然而，事实上，卡耐基在整个对话过程中，并没有过多地表达，他只是全神贯注地倾听对方。

其实，在人际交往中获得好感最好的工具就是倾听。就像卡耐基在《人性的弱点》中提到的，最善于言谈者就是最善于倾听的人，与他人建立联结赐予你改变他人的力量。

被听见，等于被重视。要懂得如何沟通，一定要先了解对方行为背后的动机，动机需要聆听，当我们能够聆听对方内心的需求，让对方感受到被重视，而不是被孤立或被隔离时，就会获得对方的认可和好感。家庭中，倾听亲人、爱人、孩子行为背后的真正含义；工作中，倾听同事、上司、下属、客户的需求痛点，不再"暴力沟通"。

《非暴力沟通》是美国心理学家马歇尔·卢森堡博士出版的畅销书。他在书中记录了很多通过倾听建立积极联结的故事，其中一个是这样的：

有一位得了重病的老太太，身体承受着巨大的痛苦。她很想表达自己备受病痛折磨的感受，但是每次的表达都是类似的，每天念叨着："我不想活了，我不想活了。"

护士们听到老太太的话后，不明白老太太为什么这样悲观，医院的治疗一直在发挥作用，所以每次只是告诉老太太："只需按时服药，病情马上就能好转。"护士们认为老太太担心自己的病情会恶化，可是怎样劝慰和解释，都不管用，老人还是不停地念叨着不想活了。

有一天，一位医院的志愿者来到老太太身边，询问老太太："你的意思是你不想活了，是吗？"

志愿者只是复述了一遍老人的话，还没有做出任何的安慰，也没有说其他的话语，老人一下子就像遇到了老朋友，和志愿者聊了起来，倾诉她的痛苦。后来的一段时间里，志愿者经常和老人聊天，有时直接询问老人有什么感受，有时通过复述老太太的话来猜测她的感受。终于，老人不再念叨"不想活了"，也开始配合吃饭和服药，精神状态也明显好转。

虽然护士们也听到了老人的话，但是她们和志愿者站在了两种听的角度，只考虑到了自己的感受和理解，而志愿者则关注老人的感受。因此，志愿者能够探究出老人没能用语言表达出来的真实情绪，也快速地得到老人的信任。

我们常常有强烈的冲动想给他人建议或安慰，或者解释自己的立场和感受，但是这些帮助和解释在脱离了对方的立场时，可能并不会发挥作用，因为缺少了倾听作为联结。人们真正想表达的感受和需要往往隐藏在内心深处，并不是故意不说，而是有时候我们不知道如何表达，我们也没有发现真的在听的人。只有当一个人耐心地倾听时，我们真实的内心才会自然而然地袒露出来。

某一天，马歇尔博士邀请自己的学员一起去吃冰激凌，结果有位学员站起来十分坚定地拒绝了这个邀请。刚听到学员拒绝他的时候，马歇尔博士也难免会感到气馁，但是他并没有因为学员这样不礼貌的回应而生气，因为他知道，这个学员的内心一定隐藏着真实的需要和感受，"我不去"这句话说明他只是不知道如何表达真实感受的言辞。

于是他决定进行进一步的探究。马歇尔博士询问道："你好像有些生气了，是吗？"

学员否定道："不，我没生气。我只是不想每次一张嘴说话就被你纠正。"

马歇尔博士立即进行澄清和确认："你担心我在场的话，有可能会评论你的沟通方式，是吗？"

学员的语气有些缓和，说："没错！我可以想象，和你一起坐在冰激凌店里的情境，你会一直关注我说的每句话……"

至此，马歇尔博士终于明白，这个学员并不是不想和大家一起吃冰激凌，而是担心在公众场所里得不到尊重，担心原本轻松的出行会变成变形的课堂，这样反而更紧张。于是，马歇尔博士再次解释，这只是一次轻松的邀约，并且保证，一定不会在公共场合评论这个学员的沟通方式。

接着，他们还讨论起，什么样的反馈能够让这个学员感到安心，同时还暴露出一个问题，这位学员很在意在课堂中老师的评价。这段讨论进行得很顺利，最后，大家也一起愉快地踏上了享用冰激凌之旅。

在这个故事里，在处理冲突时，同样是倾听发挥了重要的作用。起初学员是排斥的、反抗的态度，但是当意识到马歇尔博士在认真地听自己的感受时，他也放下了戒备和防御，渐渐地表达了内心的感受与需要。

可见，倾听能够快速地转变对方的排斥态度：如果我们在交流中过于主观，总是从自己的角度解读对方时，那么我们会认为这个学员就是故意找碴、挑战老师的权威，不尊重老师。如果我们意识到每个人的言行背后都隐藏着更深层次的没有完全显现的感受，我们就会耐心地建立联结，寻找真相。

不论他人用什么样的言辞来表达自己，我们都要仔细聆听他们的观察、感受、需要和请求。每个人都渴望被倾听，渴望被理解，渴望被认同。心理学的研究和实践发现，很多陷入心理困扰的人都有被忽视的经历，缺少被听见的经历。

与人交往，倾听是尊重对方的表现。无论是面对父母、子女、爱人，还是同事、领导、客户，选择适合的沟通策略的前提就是倾听，以构建良好的环境氛围，架设积极的沟通通道。否则，只会让关系陷入糟糕的境地。

曾经有一个朋友抱怨，他从小到大帮助了弟弟很多，可是弟弟不但不感恩，反而还埋怨他太过强势，结果兄弟两个的关系闹得很僵。后来，随着和朋友的不断交流，我发现朋友在和弟弟沟通的时候有一些习惯性的语言模式，他总是对弟弟说："我把你当自己人，才批评你、骂你，要是换成别人，我才懒得理你呢！这么多年，如果不是我帮你，你现在会混成什么样子，鬼才知道！"

如果你是弟弟，当你听到这些话时，会感恩哥哥，还是会抱怨哥哥呢？不难听出来，哥哥的话语中全是高高在上的优越感，还有道德绑架、批评和埋怨。他从来没有想过弟弟的内心真正需要的是什么。

如果真的想要帮助一个人，首先做的应该是真诚地去关心他，去询问他真实的需求，并聆听内心的感受，只有真的发自内心地尊重一个人内心的感受，你的付出才是被接纳和感念的，才是一个真正的好心人。

有时候人们也会疑惑，自己明明在倾听，可是为什么对方还是不高兴，不肯和我继续下去。其实，倾听是有策略的。倾听看似很简单，但其实并不容易。我们听的不只是语言，还有语言背后的感受。我们需要通过各种方式，让对方感知到我们是在全神贯注地倾听。只有先获得对方的好感，才能与其建立良好的联结。

# 如何让对方感受到自己的全神贯注

　　倾听是有技巧和方法的，也需要学习。如果我们走在公园里，观察身边来来往往交谈的人，就会发现，有的人在倾听，有的人虽然在对话中，但是心不在焉，完全不是在听的样子。

　　倾听不是简单的不说话，而是要配合肢体动作做出贯注式的行为。在训练心理咨询师的倾听技能时，心理学家埃维和他的团队总结了能够让对方感受到被倾听的四个维度的行为：目光接触、身体语言、语音特点、言语追随，埃维也称之为"积极的贯注行为"。

　　目光接触要尊重对方的个性和文化背景。在我们的习惯中，直接盯着对方看会给对方造成不舒服的感觉，因此目光接触需要自然，可以把眼神定位在对方的嘴角和面部等位置。尤其当对方讲话的时候，把目光定位在对方的嘴角而不是眼睛更好。直视会让对方产生被审视和被质疑的感受。但是当对方已经讲完，需要我们回应的时候，可以适当地将目光定位在对方的眼睛上，以表达我们对所说内容的认同。

身体语言不仅可以用于演讲的过程中增加演讲者的气势，也可以用于倾听的过程中表达我们的专注。心理咨询师经常使用的倾听肢体语言包括：当对话的时候，身体稍微向对方倾斜；保持自己的姿势是放松的；尽量避免过多的额外动作，并避免僵化的动作；面部表情符合对方讲述的内容。比如，当对方说起开心的事情的时候，做出愉快的表情；当对方说起骄傲的事情的时候，做出赞赏的表情；当对方说起难过遗憾的事情的时候，也做出相应的惋惜的表情。

在身体距离上，尽量与对方保持一臂左右。应避免面对面，可以和对方保持一个大于90度的角；应避免并排坐，即使并排坐在一起，也要将身体朝向对方。如果手上拿着东西，不要做摆弄的动作，否则对方会认为你没有在听。尤其不要摆弄手机。当然，如果我们当时正在做事情，比如正在做饭的时候，孩子跑过来迫不及待地想要告诉我们他刚刚的新发现，那么，也要不时地暂停一下，将身体转向孩子，告诉孩子，虽然我很忙，但是我依然在认真地听你说。

语音特点就是我们的声音优势，包括我们的语调、语速、语气等。倾听的过程，不是我们完全沉默，而是对方在不断地输出。这个过程中间还需要伴随我们的回应，才是真正的倾听。有的家长在听孩子说话的时候，全程保持微笑的表情，也确实停下手中的事情，但是孩子滔滔不绝地说了半小时，他却全程不出声，只在最后问上一句："你说完了吗？好，说完了，我得去忙我的事了，你也去写作业吧"。这样的倾听是敷衍的，只会导致孩子越来越没有兴致和家长说话了。

我们可以在倾听的过程中，进行言语的跟随。例如，重复对方表达中的关键词和关键句子，表示出一直在跟进对方的话语，或者通过一些感叹语句回应对方的情绪："天啊，竟然有这样的事！""这可真是太棒了！""真是羡慕你／替你高兴！"此外，还可以通过询问对方后续，鼓励对方继续讲下去："然后呢？""你刚才说……后来怎么样了？""你是怎么做的呀？"

言语跟随的时候，要避免只有点头或只有无意义的"嗯"这样的回应，这样没有情绪也没有兴趣的跟随，只会破坏对话，甚至激起对方的反感。同时，重复的时候还需要避免只重复对方话语的最后一句话和最后一个词。对话通常是随意的，我们在聊天的时候，并不总是用最后一句作为总结。即便是经过提前准备的演讲稿件，也并不一定每一部分的最后一句就是主旨。重复最后一句话，不仅是敷衍，还是傲慢。

言语跟随的目的是重述和总结对方的话语，达成说和听的一致。因此，言语跟随要避免表达出我们个人的观点和评价。

当孩子说："爸爸/妈妈，我今天在学校里玩得特别开心。"我们的言语跟随可以是："真的呀？快告诉我发生什么事情啦？"而不可以是："又是玩！今天老师讲的课都记住了吗？在学校，还是要认真听讲，放学回来再玩也是一样的。"

当同事说："哎呀，这个月的钱又不够用了，这件衣服只能等下个月再说了。"我们的言语跟随可以是："是有点可惜呀。"而不可以是："年轻人花钱就是太没有规划了，你可不能总是月光呀。"

如果我们是孩子和同事，听到两种回应的感受是完全不同的。言语跟随的回应也是有方法的，如图 8-1 所示。

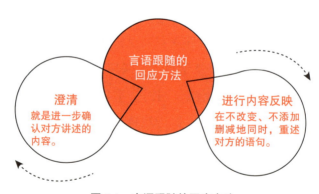

图 8-1　言语跟随的回应方法

**方法一，我们可以使用澄清的方式**。澄清，就是进一步确认对方讲述的内容。例如，朋友和我们说和另一半发生了矛盾："我是担心他的身体，怕他总是不规律吃饭，身体出问题，要不我才不回去做饭呢，结果他倒说我把厨房弄得一团乱也不收拾。我是那么懒的人吗？他自己不也吃了饭，碗筷堆在那里好久才洗！就是双标！"

我们当然可以和朋友一起吐槽泄愤，但是，如果我们说："你呀，到底是因为自己的好意被辜负，没有得到他的感谢而伤心，还是因为被误解不收拾，觉得委屈呀？"朋友一定会感受到被认同和被理解。

澄清的时候，可以使用选择式的提问，同时，我们也可以直接询问："你刚才说的话，我没有太明白，你能再说一遍吗？"这句话不会让对方认为我们刚才溜号了，反而会认为我们确实在认真地听，并且很愿意继续说下去。

不论是日常的聊天，工作中的洽谈，还是特定场合的交流，澄清都能够帮助我们更准确地听到对方的信息。信息在传递的过程中一定会有流失，不断地澄清和确认，能够帮助我们进行有效倾听。

**方法二，进行内容反映**。也就是，在不改变、不添加以及删减的同时，重述对方的话语。和重复关键词不同的是，进行内容反映时，我们可以概括、总结和比喻。

比如，对方说："这个假期我又什么都没做，就是宅在家里，窝在床上刷手机，这样的假期实在是太堕落了，要是让我妈知道了，又得唠叨我了，还会找事给我做。"

我们重复的时候，可以说："你又过了一个堕落的假期。"而使用内容反映时，我们还可以说："你不想在假期里只是宅着什么都不做。"或者"你妈妈好像老师一样，就算是假期，也想给你留点'作业'。"

交流对话是我们不可避免的行为。回忆我们身边的人，有没有谁是你愿意倾诉的对象，那个人在倾听的时候是什么样子呢？你是一个能够和他人进行顺利沟通的人吗？大家愿意对你倾诉吗？

要想讲，先要听。只有我们会听，才会知道如何讲。让他人感受到我们的全神贯注，感受到我们对交流的兴趣，对对话的投入。只有当我们愿意投入地倾听的时候，才真正能够表达出倾听的诚意。倾听是不能伪装的，我们的非言语信息会时刻被他人收入眼中。只要真诚且投入，并运用一定的技巧，你就会成为一个倾听高手。

# 如何用倾听来控场

倾听也是一种控场的方法。在倾听的过程中，我们的专注、表情、动作、回应语句等，不仅可以令对话继续，也可以结束对话，并且在必要的时候，进行话题的转折。

通过倾听控场，需要配合提问策略，见表 8-1。提问与倾听是相互补充与配合的。

表 8-1 提问策略

| | |
|---|---|
| 第一个提问策略：在倾听的过程中适时提问 | 关于这部分，我还想再了解得更多一点，我还有点疑问，能否再多分享一些？<br>刚才你说到……能不能详细说一说？<br>我正好奇这件事呢，你快说后来怎么样了？<br>不如你再介绍一下这个？ |
| 第二个提问策略：使用引导性的问题，了解更多的信息 | 当对方对问题一时语塞，或者想要逃避的时候，不妨"替他回答"，观察他的反应，从而获得更多的信息 |

（续表）

| | |
|---|---|
| 第三个提问策略：使用开放性的问题，避免封闭性的问题 | 我们应该怎样做，才能达到你的要求呢？<br>你觉得这件事情会如何发展，双方才会满意？<br>你为什么会感到不开心呢？<br>你的合伙人与你有什么不同的想法吗？<br>自从使用了这种管理方法，你们的生产效率有什么变化？<br>对于这件产品的研发，你有没有什么建议？ |
| 第四个提问策略：不必纠结当时的回答，留下思考的时间 | 如果在这次交流过程中没有得到答案，也不必着急，给对方留出思考和改变的时间 |

**第一个提问策略，在倾听的过程中适时提问，鼓励对方说下去，或者对某一个问题进行更深入详细的表达。**

倾听是交流的方式，倾听的目的不是单纯地让对方发泄情绪，而是促进有效沟通，完善我们的人际交往。因此，我们可以根据对话的场景、目的和对象，在倾听对方表述的过程中，适时插入一些问题，调整和改变话题。

例如，同事在交流经验时有详有略，我们可以提出问题："关于这个部分，我还想再了解更多一点，我还有点疑问，能否再多分享一些？"这样就可以避免我们感兴趣的部分听不到。

再比如，如果对方在表达时存在犹豫，担心我们会厌烦，以致有些紧张，不知道我们是不是会感兴趣，我们也可以通过提问令话题朝着我们期待的方向进行。"刚才你说到……，能不能详细说一说？""我正好奇这件事呢，你快说后来怎么样了？""不如你再介绍一下这个？"诸如此类的提问，就可以让交流更有效地进行下去。

**第二个提问策略，使用引导性的问题，能了解更多的信息。**

交流是相互的，对话也是有来有往的。交流的过程中，不只是对方说，我们听，而是信息的互相传递，我们有想要获得的信息，对方也有想要得到的信息。因此，相互的提问和引导是必要的。

有时候，我们抛出来的话题，可能会让对方为难，也可能对方并不愿意正面回答，我们需要认真倾听和判断，改变提问的方式，使用间接的引导问题，才能得到想要的答案。

要获得这方面的经验，我们可以多观看一些访谈类的节目，仔细观察和总结主持人的提问方式，学习他们借助问题引导嘉宾继续更真实地表达。

倾听和引导性的问题有助于我们控制话题的走向，从引导性问题中探索和了解更深入的信息。而我们的经验是，如果对方对问题一时语塞或想要逃避，不妨"替他回答"，观察他的反应，从而获得更多的信息。

**第三个提问策略，使用开放性的问题，避免封闭性的问题。**

封闭性的问题通常带有"是否"字样。"你是不是又闯祸了？""你是否认同这个方案？""你能不能做好这件事？""你愿不愿意……"

开放性的问题，通常包括"怎么样……""为什么……""哪些……""什么……"之类的词语。

例如，"我们应该怎样做，才能达到你的要求呢？""你觉得这件事情会如何发展，双方才会满意？""你为什么会感到不开心呢？""你的合伙人与你有什么不同的想法吗？""自从使用了这种管理方法，你们的生产效率有什么变化？""对于这件产品的研发，你有没有什么建议？"

开放性的问题给出了对方更多的表达空间。在使用开放性问题的时候，也可以使用预设性的问题："如果这样调整，你的生活和工作会发生什么样的变化呢？""如果掌握了一定的演讲技能，你觉得你会怎么样？"这类问题不仅能够减少限制，同时还能够给对方带来积极的暗示，我们期待更好的未来，也相信对方描述的美好未来。

**第四个提问策略，不必纠结当时的回答，留下思考的时间。**

我们的交流情境不是割裂的，而是具有联系性的。如果在这次交流过程中没有得到答案，也不必着急，给对方留出思考和改变的时间。成长将发生在未来时。

有位管理者曾经分享了一个自己与下属经理之间的对话。这位经理的工作是做产品外观设计的。他是学艺术出身，所以衣着打扮都比较有个性，平时留着长发，蓄着胡须。而根据公司要求，各个管理层的工作除了完成自身的业务，还需要进行商业会谈。如此，这位经理就需要调整一下自己的衣着打扮，避免造成不必要的工作上的阻碍。但是衣着打扮是一个私人问题，我们需要尊重。这位管理者思索良久，寻找了一个时机对经理说："你的外形非常艺术化，也很个性化，我知道你对自己的形象引以为傲，我也很欣赏。但是，你有没有想过，如果能抓住时机改变自己的形象，或许你的生命体验会更加不同？也许你的未来有一天会重新留起长发，但那时候你的感觉也和现在不一样。"

这位经理并没有回答这个问题，只是说起自己从年轻时就喜欢这样的发型。管理者很认真地倾听他讲述自己在外形上的设计和想法，没有再进行游说。两个人愉快地聊起了天。最后，这位管理者说："当然没有任何人有权利命令你改变你的坚持，只是我们可以思考一个问题，你为什么会拒绝改变呢？"

这个问题当然也不会收到答案。但是第二天，这位原本充满艺术气息的经理剪短了头发，改变了自己的形象，所有的同事都感到十分吃惊。而他们在公司里相遇的时候，彼此都没有说话，只是向对方露出了诚挚的笑容。

在使用提问策略控场的时候，切记不要加入评判性的话语，例如"我觉得你这样想是不应该的""你这样想就对了"。切记不能压抑对方的感受和情绪表达。

我们使用的策略有助于让交流更有效，获得更多彼此都需要的信息，促进接下来的行动和交往。我们需要表现出我们的真诚、包容和接纳。只有这样，才能让话题滔滔不绝，让了解更加深入。

开放性的问题可以给对方更多的表达空间。

# 超级故事之丽美的故事

## 人生只有一件事，就是把自己活好

　　我叫丽美，时至今日我依然清晰地记得促使我走进余歌老师课堂的那天。2022年2月的一天，外面下着大雨，办公室的氛围和外面的天气一样沉闷。任姐（我高薪聘请来的职业经理人）关心地问我："段总，你要注意休息，这几天确实很辛苦！"而我正因为公司的困境而烦躁，情绪先行，没好气地回答说："还休息！再休息，公司都要关门大吉了！"虽然我是一时口快，但是任姐误会我针对她，甚至要在当晚11点多离开我，回到西安去。当时的我非常懊恼，为了挽回她，我诚恳地道歉并积极沟通，她叹息着向我推荐了余歌老师的课程。起初只是抱着试试看的心态，我打开了余歌老师的视频。从第一条视频逐一看下来，我发现自己似乎打开了一个宝箱，余歌老师的话总是能够解开我的困惑。

　　那时候，我已经在我的行业里（全屋定制行业）取得了一点成绩。很多全屋定制的大平台多次邀请我去上课，但是我缺乏站在大舞台上的勇气，总是谢绝。

看到余歌老师的视频课程后，我又重新燃起了动力，我期待能够在老师的指导下，提升自己的演讲能力，能够自信地站在他人面前，能够向业内同行分享我的经验，能够为行业发展贡献自己的力量。

于是，我毫不犹豫地报名参加了总裁班。在正式上课之前，我的内心是充满疑惑和恐惧的，我因为不知道如何上台讲话、如何有条理地思考、如何管理团队等问题而焦虑。在总裁班的学习过程中，我逐渐克服了这些困难，建立了更强的自信心。余歌老师每天带着我们练习"自我确认"，帮助我重新找回了初心和使命，使我更加坚定地走向自己的目标。

通过演讲学习，我不仅学会了如何有条理地思考和表达观点，还提高了我的沟通能力。我学会了如何与团队成员有效地沟通，解决问题并推动项目进展。这种沟通能力在日常工作中非常重要，使我能够更好地与同事合作，实现更好的业绩。现在，我经常与员工进行开放性对话。

在 2023 年 10 月的一次对话中，我发现公司中似乎出现了一些偏执的言行，员工们也提出对于偏执言行和谣言的担忧。有同事注意到一些员工似乎总是怀疑他人的行为动机，甚至散播谣言，这令团队的氛围从积极合作转向紧张。我和员工们一起讨论如何应对这种情况，怎样更好地防止谣言进入传播。例如不回应、不看，减少矛盾升级，理解偏执的人，不表现出敌意，等等。这次对话之后，我更加深刻地感受到我们是一个团队，大家在共同面对问题，共同解决问题，共同前进。余歌老师的课程让我找到了应对公司内耗的方法，学习和看书赋予我工具和洞察力，建立互信和有效沟通更关键。

演讲锻炼了我的思考能力和问题解决能力。在准备演讲的过程中，我需要不断地梳理思路，这使我能够更加理性地分析问题并找到解决方案，帮助我更好地应对各种挑战和变化。演讲也提高了我管理情绪和应对压力的能力。我学会了如何在紧张和压力下保持冷静，控制自己的情绪。这种能力使我能够保持积极的心态和高效的工作状态。

余歌老师就像我的引路人，把我带回了光明大道，我把我的团队和我女儿都带到了余歌老师的课堂。说到女儿，我不得不再次感谢余歌老师。女儿是05后，在悉尼科技大学读建筑设计，因为家庭关系紧张，我们的母女关系也一直僵持着，没有真正走进彼此的内心。2022年的11月份我带女儿走进了余歌老师的课堂，我记得当时女儿就坐在12组的位置，懵懵懂懂，又认认真真。得益于这次尝试，让我和我女儿的心更近了。

虽然她人在悉尼，但我们的关系变得更加亲密。现在我和女儿打招呼的方式居然是"智障式的微笑"。而女儿也受到余歌老师的影响，她运用课程内容，用流利的英语进行演讲，获得了班级第一。

一个活得非常好的人，在整个人生过程中都在不断地修炼，直到最后变成一块磁铁。从此，大家想靠近你，跟随你。可以说，人生只有一件事，就是把自己活好。现在，我依然在坚持跟随余歌老师的课程进行学习。其实每次往返都很辛苦，但是这并不能阻挡我对前进的执着。人的一生，就是经营自己的一生，不断前行，不断成长，就像车轮在路上一样，永不停歇。每次出发都让我深刻体会到，只有坚持和毅力，才能让我们抵达目的地。生活是一条漫长的旅程，目的地就是自我提升。我要以我所学去影响更多的人，帮助他们变得更好，因为真正的成功不是个体的胜利，而是帮助他人获得成功。

# 超级故事之金燕的故事

## 《身为女性，我永远选择向前一步的人生》

　　我叫金燕，是一个勇敢为自己而活的女性，是一个永不妥协的女性，是一个重新爱上丈夫的妻子，是给予两个孩子成长自由的妈妈，是愿意陪伴父母的女儿，是努力为哥哥提供无条件的信任和支持的妹妹。

　　曾经，我对自己的定位是事业与生活中的双重女强人。在创业伊始，我的几次决策让我不仅赚到了第一桶金，生意也越做越大。于是，我逐渐成为主事人，而一起创业的丈夫则逐渐淡出生意，负责照顾孩子。渐渐地，我越来越忙，也变得越来越强势。生意上，我不再听丈夫的建议，生活中，我也掌握着绝对的话语权。我爱我的家人，但是我只按照我的方式来爱他们，我会为丈夫、孩子、父母、公婆提供生活保障，保证他们享受优渥的物质以及该有的仪式感，但是我不会去关注和承接家人的情绪。我会直接给礼物和钱，同时还避免不了一顿教育输出，给糖时还要给一巴掌，以展示我的强大，满足自我的优越感，我的语言和态度充满了傲慢和指责。

渐渐地，我变得强势且孤单，当我和丈夫想聊聊自己的压力时，丈夫只是默默地听，他无法理解我，也无法让我依靠。我委屈又气愤。于是我不再和任何人表达自己的感受，碰到难题的时候，我宁可一个人开车兜风，自己承受，也不和任何人说，不向任何人示弱。我认为只有自己变强大，才是解决问题的方法。但是我不知道怎么让自己真正地变强大。

我的方式就是更加强势，更加一意孤行。结果，我和丈夫之间渐行渐远，我看到的都是他的缺点，我就像妈妈教训孩子一样地训责他，他也变得沉默，不快乐，有时候甚至会欺骗我躲着我，而孩子们也惧怕我，不论遇到了什么事情，他们更信任在我眼中不值得依赖的丈夫。我的身体越来越差，压抑的情绪让我身心俱疲。去年，因为自己盲目自信和独断专行，我的珠宝生意也出现问题，去年亏损了几百万。我陷入了事业和生活的迷雾中，一度自我怀疑，看不到我和先生之间的希望，只活在自己能力强大的外表下，完全不信任先生，觉得先生不是引领我走向成功的那个人，我甚至动了跟丈夫分开的念头。

这一切在我遇到余歌师父的时候，出现了转机。我师父不仅帮助我理清了现在的困境，也让我意识到，当我的生活中到处都出现问题时，其实最大的问题是我自己。只有我改变，我的生活才会改变。于是，我开始上余歌师父的课程，我变得平和，变得包容，我开始转变语言模式，转变了自己对生活和幸福的定义：一个人好不代表所有人好，所有人好了，我才能真正地享受快乐、幸福。幸福是内在的感受，由内而外，幸福无法依赖于外在的财富积累，由外而内。

在面对父母公婆的时候，我更加关注老人的情感需求，不再只给钱，而是与家人约定每年去旅游，创造更多的共同回忆。面对哥哥时，我也不再以居高临下的视角，而是更加关注如何激发哥哥的力量，我开始依赖哥哥。因为我余歌师父说过，一个人之所以总是失败，其中一个重要的原因是得不到家人的信任和支持。我告诉哥哥：妹妹很爱你，希望你能成为我的榜样，能够保护我。在面对我的两个孩子时，我也不再像过去一样打骂，因为"越愤怒越无能"，我会包容孩子们成长过程中犯的错，我反馈给孩子更多的是拥抱。现在两个孩子随着我来到新的城市生活，他们适应得很好，在校园获得校长和老师们的一致好评，荣获很多奖项，越来越自信和快乐！

最大的转变发生在我和丈夫之间。我和丈夫是校园情侣，毕业结婚。曾经我们既是伴侣也是知己，我从来没有想过有一天会离开他。遇到余歌师父之后，我理解了与丈夫多年来感情变淡的缘由，鼓励丈夫去寻找自己。丈夫也参加了余歌师父的课程，并且成了助教，在讲台上的丈夫风趣、幽默、从容、自信，闪闪发光。这都是我从来没有见过的样子。丈夫不再像以前一样什么都听我的，变得有主见，甚至会反抗我，有理有据地否定我，但是我反而更加崇拜他，会听取他的建议，心悦诚服，我知道我再次爱上了他。现在的他成熟沉稳，有时候甚至可以引领我，我也愿意和他倾诉和讨论，愿意在他面前示弱、撒娇。

曾经我们看似每天在一起，但是精神层面是远离的，现在我们走在各自事业的路上，我重整旗鼓在厦门做起了珠宝会所，他也注册了自己的公司，朝着演讲的事业前进，但是我们反而更加相互理解，能够同频共振。

现在的我依旧认为让女性强大是很重要的，但我已经意识到，我曾经的成功和强大不是我一个人能够决定的，我能有今天，离不开先生、父母，兄弟姐妹以及团队在背后默默的付出和支持，"没有他们就没有我金燕的一切"，所以我不再使用过去的错误方式做事业和生活，我找到了一个人真正强大的根源：自己内心丰盈，与家人一起共修，永远选择向前一步，勇敢为梦想而活。我非常清晰地知道，我能不能幸福，完全取决于自己，如果没有创造幸福的能力，不论和谁生活在一起，都不会幸福，至于事业方面不可能永远一帆风顺，肯定会有困难和挑战，但我一点都不惧怕失去，我永远会勇往直前的奔跑，我有自己的使命和责任。

至于我和先生的爱情和夫妻关系，我有了重新的认识，什么是真正的爱？也许我和丈夫的未来不一定会永远琴瑟和鸣，未来的路还很长，生活中磕磕碰碰总是避免不了，但我们至少依然在努力共修、滋养着彼此，如果在不可预见的未来我们真的会分开，我们彼此都会真心地祝福对方，因为我的内心是宁静的，没有丝毫的焦虑，我可以潇洒地转身，我敢于面对未来，因为我在做我自己，他也在做他自己，我们在追求实现自我价值的路上，只是刚好成为伴侣，这很幸运，但如果不是伴侣，也没有关系。我希望每一位女性都能够找到自己，为自己而活，做一个每天都活力满满的智慧女性。

人类的语言不是世界上唯一的语言，但是人类却是唯一使用语言讲故事的群体。这是语言学家和历史学家共同的发现。互联网时代给了每个人演讲的空间和舞台，连上网络，每个人都将拥有属于自己的出场机会。如果不是新媒体，董宇辉这样一个 1993 年的年轻人不会获得如此的成功；如果不是新媒体，雷军、董明珠不会从办公室里走出来，用讲述亲身经历赢得产品的新市场。

一个人要想在现在的时代向世界发出自己的声音，不能只是学习条条框框的演讲技巧，更重要的是学会讲故事，学会使用独属于我们自己的优势：故事——超级演讲就是超级故事。

当我借助演讲为媒介，获得了事业的成功和家庭的幸福，当我以演讲为使命，鼓励更多的人表达自己的时候，我越发体会到了语言的力量。我的一生都是被演说救赎的，我也想用它来点亮别人人生旅途中的幽暗。我期待这本书能够解答你关于演讲和沟通的困惑，也期待有一天能够听到你对这本书的感受。

我的朋友，当你打开这本书，你的光顾与聆听已经为自己开启了新的思想。这本书的文字虽然定格在当下的时空，但是文字之外的启迪不会停留在这一刻。

我年轻的时候喜欢留长发、喜欢戴墨镜、喜欢飙车，后来我遇到了张国能先生，受到他的影响，我开始戒烟、戒酒、自律、早起、读书、锁定梦想。他热爱读书，即使是春节也要来到办公室读书，他的书柜中有很多书，现在我经常在"总裁班"中推荐的书目很多都是在他的书房中接触到

的。他为了自己的理想愿意放弃"铁饭碗"，并且坚持不懈获得了成功。他就像我的生命教练，在我业务没有达标的时候，他并没有批评我，而是送给了我一段话，让我不再迷茫，开启了现在的人生。他告诉我："人的一生是经营自我的一生，经营你的时间，经营你的梦想，经营你的资源，经营你的未来。"

　　每个人都有自己的理想，也都需要一个生命教练，一个行为有结果，价值观让你认同，并且是你愿意靠近或成为的人。希望我的文字能够给到你帮助，祝你早日找到属于自己的生命教练。

　　祝福每一位朋友都能够勇敢从容地站在属于自己的舞台上，让世界听见你的声音。

　　最后，真诚地感谢为这本书的编辑出版提供建议和协助的每一位伙伴。感谢人民邮电出版社的编辑马晓娜老师；感谢我的朋友李明峻；感谢我的学生巧玲、丽美、金燕，感谢自我从事演讲事业以来的所有学员，学员们的成长和故事是余歌让梦发声的故事中重要的一部分。

我还要感谢我的母亲张秀全女士、我的太太邓秀珠女士、我的儿子余子安，还有已经故去的亲人：我的父亲余德昆、我的岳父邓进元、岳母吴有娥。他们如同和煦的阳光时刻照耀我的人生道路，感谢他们一直以来的支持和爱护，他们是我前进的动力。